NOTICE

SUR

FLORIMONT SIRE DE LESPARRE.

NOTICE

sur

FLORIMONT SIRE DE LESPARRE

SUIVIE D'UN PRÉCIS HISTORIQUE SUR CETTE SEIGNEURIE,

de notes et éclaircissements;

Par J. RABANIS,

DOYEN DE LA FACULTÉ DES LETTRES DE BORDEAUX,

Président de la Commission des Monuments historiques de la Gironde.

BORDEAUX,

H. FAYE, IMPRIMEUR DE L'ACADÉMIE ET DES FACULTÉS,

Rue Sainte-Catherine, 139, ancienne rue du Cahernan.

—

1843.

NOTICE

sur

FLORIMONT SIRE DE LESPARRE,

SUIVIE D'UN PRÉCIS HISTORIQUE SUR CETTE SEIGNEURIE,

et d'éclaircissements.

Parmi les noms historiques dont l'omission se fait remarquer dans les biographies même les plus complètes, il en est peu d'aussi injustement oubliés que celui de Florimont de Lesparre. Descendant de la plus ancienne maison du pays bordelais, et le dernier de sa race; allié à toutes les familles princières du midi de la France, les Albret, les Périgord, les Foix, les Armagnac; mêlé à tous les grands événements qui ont rempli la dernière moitié du xive siècle, en Europe et

1

en Asie; frère d'armes du fameux captal de Buch, de ce Jean de Grailly, type héroïque des chevaliers gascons au moyen âge; digne enfin d'intérêt par les bizarreries de sa fortune et les vicissitudes de son existence toute guerrière, Florimont de Lesparre avait assez fait de bruit pendant sa vie, pour que l'histoire ne se tût pas entièrement sur lui après sa mort.

Un seul écrivain, le laborieux auteur des *Variétés Bordelaises,* dans sa notice sur les seigneurs de Lesparre, a parlé de Florimont : malheureusement cette notice n'est ni complète ni exempte d'erreurs, quoique Beaureins eût l'avantage de puiser ses renseignements dans des sources qui n'existent plus aujourd'hui. La biographie de Florimont était donc à faire, et je l'ai essayée, en m'appuyant sur des documents dont une grande partie est encore inédite ([1]) *.

Les plus anciens titres relatifs aux seigneurs de Lesparre sont des premières années du XIIᵉ siècle; on en connaît un de l'an 1100. Dès cette époque, qui est, comme personne ne l'ignore, celle de l'origine de la noblesse féodale, le château de *Lesparre,* c'est-à-dire du *pays d'en bas,* dominait sur le Bas-Médoc, et formait l'un des principaux fiefs relevant directement des ducs de Guienne. Les domaines annexés au château s'accrurent rapidement dans les deux siècles qui suivirent.

---

* Voyez à la suite du *précis historique* les notes et éclaircissements.

Au milieu du XIVe, la directe des châtelains comprenait plus de trente paroisses, sans compter les droits de toute sorte attachés à la seigneurie, droits de *varech* et de *naufrage* sur les côtes, droit de *guet* et de *garde* dans la ville de Lesparre, droit exclusif de *pacage* dans les prairies du Médoc, et de *pêche* dans ses eaux, droit absolu de *chasse* dans la forêt, aujourd'hui disparue, de Lesparre, droit de *foire* dans les bourgades ; et puis une infinité de menues redevances qui tombaient directement sur la population rurale, à titre de *dîmes, lainage, moutonnage, galinage,* etc...... Il ne faut pas oublier le plus onéreux de ces droits, celui de *questalité,* qui retenait la plus grande partie de cette population dans un servage héréditaire. Les serfs questaux, nommés, dans le nord de la France, hommes de *poeste* ou *de main morte,* ne pouvaient ni sortir de la terre sur laquelle ils étaient nés, ni changer de condition, ni posséder rien en propre. Ils étaient la chose du seigneur, eux, leurs enfants et leurs biens, aussi longtemps qu'ils n'étaient pas affranchis (²).

Il n'est pas besoin d'ajouter que le seigneur de Lesparre exerçait dans ses domaines la justice féodale à tous les degrés. Il était représenté dans ses attributions judiciaires par plusieurs officiers : d'abord un sénéchal ou baîlli, chargé spécialement de la ville de Lesparre ; ensuite des prévôts, comme ceux de Talais, de la Captalie, de Montblanc, de la forêt de Lesparre, et d'Artigues-extremeyre, qui étaient ordinairement des chevaliers, tenant leurs prévôtés en fief noble.

Il y avait d'ailleurs un grand nombre d'arrière-fiefs dans cette importante seigneurie; et les vassaux qui les possédaient sont désignés dans les documents contemporains par le titre de *Chevaliers de Lesparre*. Ces chevaliers pouvaient être distingués en deux classes : premièrement ceux qui descendaient des branches collatérales de la famille des suzerains, et en prenaient le nom; secondement ceux qui y étaient étrangers, et qui, suzerains de leur chef, n'étaient vassaux de Lesparre que pour les domaines qu'ils y tenaient à foi et hommage. Parmi ces derniers on trouvait les noms les plus illustres de la vieille Guienne : les Budos, les de Bourg, les Caupène, les d'Arsac, les Saint-Aon, les de Preyssac, les de Tastes, les Pomiers, les d'Ornon, les du Breuil, les Lalande.

Le nombre de ces vassaux était assez grand pour permettre aux seigneurs de réunir sous leur bannière une force imposante, quand leurs intérêts particuliers ou leur devoir envers les ducs de Guienne en exigeaient le déploiement. Du reste, les seigneurs de Lesparre ne devaient le service militaire en personne que lorsque les ducs de Guienne ou les rois d'Angleterre, leurs successeurs, marchaient eux-mêmes en personne en tête de la noblesse du duché. Ils n'étaient tenus pour tout hommage qu'au tribut d'un autour ou épervier, à muance de suzerain, ce qui était la plus noble des redevances. Nous observerons encore qu'à l'exemple de quelques-unes des maisons les plus anciennes et les plus puissantes de la vieille France, entre autres les Rohan

et les d'Albret, ils ne prirent jamais aucun titre de noblesse féodale, se qualifiant simplement de *sires*, et don-
nant à leurs domaines le nom de *sirie*.

Une autre circonstance également digne d'être re-
marquée, c'est que la dame de Lesparre jouissait d'un
privilége, assez onéreux par parenthèse, et dont nous
ne trouvons guère d'exemple qu'à l'égard des grands
dignitaires de l'église. Le jour de son entrée solennelle
dans la ville de Lesparre, elle devait être conduite au
manoir seigneurial par le propriétaire du fief de Calons,
qui tenait la bride de sa haquenée, et auquel revenaient,
après la cérémonie, la monture de la châtelaine et les
riches atours dont elle était revêtue. Les seigneurs de
Calons tenaient singulièrement à remplir cet office, et
ils le revendiquèrent plus d'une fois, comme une des
dépendances de leur fief (³).

Nous ne devons donc pas nous étonner de la pré-
pondérance que les seigneurs de Lesparre acquirent
dans le pays bordelais au XIIIe et au XIVe siècle, c'est-
à-dire aussi longtemps que l'éclat d'une maison rivale,
celle des Grailly, qui, par un développement inouï de
prospérités, devait s'asseoir un jour sur les trônes de
Navarre et de France, n'eût pas effacé toutes les autres. Jusqu'à ce moment, dans Bordeaux et hors de
Bordeaux, les sires de Lesparre furent la famille do-
minante. Une tradition fabuleuse confondit même leur
histoire avec celle de notre vieille commune; et la
chronique particulière de la cité, conservée dans nos

archives municipales, débute, comme on sait, par une légende qui faisait le premier seigneur de Lesparre, fils d'un empereur romain et roi de Bordeaux (⁴).

Cette légende fut, sans aucun doute, imaginée et répandue par la naïve ignorance de nos aïeux à l'époque de la plus grande splendeur de la maison de Lesparre, au temps de Cénebrun IV et de Florimont son fils, et par conséquent entre les années 1324 et 1394.

Cénebrun, c'est-à-dire *Gaucem-Brun*, qui avait hérité fort jeune encore, en 1324, des domaines de son père Ayquem-Guilhem, resta quelque temps sous la tutelle de son oncle Bernard. En 1331 il se maria avec Jeanne de Périgord, fille du comte Archambaud et de la belle Brunisende de Foix, qui lui constitua en dot une somme de 10,000 livres. Une sœur de Jeanne, nommée Agnès, avait été fiancée dix ans auparavant à un petit-fils de Charles I d'Anjou, roi de Naples, de Sicile et de Jérusalem : elle fut mère de ce Charles de Duras sur lequel le roi de Hongrie vengea la mort de son frère André, assassiné par la reine Jeanne (⁵). Depuis cette date jusqu'à sa mort, qui paraît être arrivée en 1362, nous retrouvons le nom de Cénebrun dans tous les actes publics relatifs à l'ancienne Guienne.

Attaché sincèrement au parti anglais, il n'en était pas moins l'objet des ménagements et des attentions d'Édouard III, à cause de ses relations de parenté avec les Périgord et les Rauzan, dévoués aux intérêts de la

France. Pour l'affermir ou le conserver dans son allégeance, le monarque anglais lui accorda successivement
de nombreuses faveurs, telles que des concessions de
péage, la jouissance des prairies du Médoc, la confir-
mation du droit de guet et de garde dans la ville de
Lesparre, et du droit de naufrage sur les côtes.

Il lui donna un témoignage particulier de confiance,
en le chargeant depuis 1345 jusqu'en 1359 de garder
en dépôt les châteaux de Lavardac, Feuguerolles, et
Cauderoue, situés à portée des possessions françaises, et
qui avaient été légués par Jeanne de Périgord, tante
de sa femme, à son beau-frère le fameux Talleyrand,
cardinal de Saint-Pierre *ad vincula* et évêque d'Albano,
qui gouverna l'église sous quatre papes, et auquel les
écrivains italiens ont reproché la catastrophe qui fit périr André (⁶). C'est ce même cardinal de Périgord qui,
se trouvant personnellement intéressé à procurer la paix
entre la France et l'Angleterre, offrit en vain sa média-
tion pour empêcher la désastreuse bataille de Poitiers,
et ne réussit qu'à négocier la trêve conclue en 1357,
pendant la captivité du roi Jean. Cette bataille fut d'ailleurs le dernier fait d'armes auquel Cénebrun prit part,
et il s'y distingua d'une manière brillante.

Cénebrun transmit à Florimont, son seul fils légitime, qui lui succéda, suivant toutes les apparences, en
1362, ses vastes possessions et la fidélité héréditaire
dans sa race envers la domination anglaise. Florimont,
déjà marié avec Marguerite d'Astarac, était alors dans

toute l'ardeur de la jeunesse, et son activité inquiète cherchait toutes les occasions de s'exercer. Malheureusement la paix venait d'être rétablie entre les deux nations, et il lui fallut attendre. Nous le voyons en 1362 recevoir les hommages et les aveux de ses nombreux vassaux; et l'année suivante faire lui-même hommage, dans la ville d'Agen, au roi d'Angleterre, représenté par le fameux prince Noir, lieutenant de son père dans la Guienne (⁷). Quelque temps après il affranchissait les habitants de plusieurs paroisses de ses domaines du joug odieux de la questalité; et les redevances féodales qu'il se réserva, en retour de sa concession, étaient peut-être destinées à l'expédition d'outre-mer dans laquelle il ne tarda pas à s'engager, expédition qui devait faire époque dans sa vie (⁸).

Le royaume de Chypre, dernier débris de l'empire fondé par les croisés dans la Palestine, était alors aux mains de Pierre de Lusignan, prince actif et intrépide, mais orgueilleux et farouche, qui avait fait ses preuves contre les Turcs par la prise de Satalieh. Désireux de frapper de plus grands coups, Pierre avait quitté ses états pour venir solliciter la coopération des puissances d'Europe, et il parcourait dans ce but la France, l'Angleterre, l'Italie, et l'Empire. Il reçut un accueil bienveillant de la plupart des princes chrétiens, surtout du chevaleresque roi Jean qui, tout prisonnier qu'il était, ne rêvait que la délivrance du saint sépulcre. Le pape Urbain v publia force bulles pour le seconder, et la noblesse française acceptait avec joie le projet de cette nouvelle croisade que le cardinal de Périgord, oncle de Florimont, devait diriger en qualité de légat. Nulle part le roi de Chypre n'excita plus d'enthousiasme qu'à la cour du prince Noir qu'il était venu joindre à Angoulême au commencement de l'année 1364, et parmi les chevaliers gascons que la paix laissait dans le désœuvrement. Ils lui répondirent *que c'était voirement un voyage où toutes gens d'honneur et de bien doivent entendre, et que s'il plaisait à Dieu que le passage fût ouvert, il ne le ferait mie seul, mais en aurait de ceux qui se desirent avancer* ([9]).

Le départ avait été fixé au 1er mars 1365; mais nous ignorons si Florimont partit à cette époque, et s'il partit seul ou en compagnie d'autres croisés. Marguerite paraît l'avoir accompagné au moins jusqu'à Avignon; car nous voyons que le pape Urbain v lui adressait un bref d'absolution ou d'indulgence plénière, daté d'Avignon, le 2 des ides de mars, l'an iv de son pontificat, c'est-à-dire le 14 mars 1365 ([10]). Un fait incontestable c'est qu'il entreprit la croisade à la tête des hommes de son fief, et qu'il servit six mois à ses propres frais; un document encore inédit, mais d'une haute valeur historique, sinon littéraire, les poésies de Guillaume de Machaut, nous apprend que dans l'automne de cette année Florimont, suivi de vingt écuyers au moins, se trouvait à Constantine, ville de l'île de Chypre, lorsque le roi Pierre lui fit proposer d'entrer à son service, ce qui fut accepté ([11]). Sa réputation était déjà bien établie du reste, car, dans une énumération,

fort peu homérique, des chevaliers employés à une expédition qui eut lieu l'année suivante, Guillaume dit
de Florimont :

> La quarte galée conduit
> A grant joie et à grant déduit
> Uns chevaliers de grant renom,
> Florimont de L'Espare a nom ;
> Nez est du païs de Gascoingne
> Si com la langue le tesmoingne.

Guillaume de Michaut ne dit point si Florimont était
rendu auprès du roi au moment du siége d'Alexandrie,
dont la prise eut lieu le 10 octobre 1365. Nous voyons
seulement par une lettre de Florimont, que je donne-
rai tout à l'heure, qu'à la fin de juillet 1366 il y avait
déjà dix mois qu'il combattait sous les ordres directs
du roi de Chypre, ce qui ferait remonter son arrivée
dans l'île vers l'époque de cette expédition.

Ce fut alors que s'établirent entre le roi de Chypre
et Florimont des relations d'intimité et de confiance ré-
ciproques qui devaient être dénouées brusquement et
d'une manière désagréable pour tous deux. Guillaume
de Machaut s'exprime ainsi au sujet de l'amitié de
Pierre pour Florimont :

> Je vous afferme loyaument,
> Que quant il vint premierement
> Devers le roy, li roys le fit
> Honneur, courtoisie et proufit,
> Autant comme s'il fust son frère
> Engendré de père et de mère.

En ses armées le menoit,
Et si près de lui le tenoit,
Qu'en li avoit droite fiance
De s'onneur et de sa chevance.

Et voici ce qu'il dit des sentiments de Florimont pour le prince :

Si que par semblance l'amoit,
Et son droit seigneur le clamoit ;
Car honneur et chevalerie
Aprenoit en sa compaignie ;
Et en touz biens en amendait,
Si bien que mielx ne demandoit.

Également intrépides dans les batailles, également loyaux dans la vie privée, Pierre et Florimont n'étaient pas moins impétueux l'un que l'autre, et leurs passions avaient une égale violence. Ces qualités et ces faiblesses communes, qui les rapprochèrent d'abord, finirent par les brouiller irrévocablement, comme nous le verrons bientôt.

Mais, avant cette rupture, Florimont donna des preuves éclatantes de sa valeur dans l'expédition entreprise par Pierre de Lusignan pour la délivrance du château de Kourt assiégé par les Turcs, et dont le poëte attribue tout le succès au chevalier gascon ([12]). Toutefois sa témérité attira d'abord un revers sur les chrétiens :

Entre lui et les ennemis
Qui sur le plain s'estoient mis,
N'avoit pont, ne fosse, ne barre ;
Si que le sires de L'Espare

S'avança et leur courry seure :
Mais ne fu pas à la bonne heure,
Qu'il et sa gent furent blécié
Et vilainement rechacié.....
De trait fut blécié par my le pié
D'une sayette ou d'un espié.

Heureusement cette faute fut bientôt réparée. Florimont s'étant aperçu que les assiégeants avaient quitté leur première position, et qu'on pouvait les attaquer avec avantage, en donna avis au prince d'Antioche, chef de l'expédition, au moment où l'armée chrétienne découragée ne pensait qu'à la retraite :

Je ne say pour quoy ne comment
Li sires de L'Espare vit
Qu'il se deslogoient, et dit
Se on l'en créoit, hors istroient
Et qu'assez séjourné avoient.

Aussitôt on forme trois divisions qui se portent rapidement sur l'ennemi et parviennent à l'enfoncer :

Li princes conduit la première,
Et faisoit porter la banière,
Nostre-Dame, car c'est un signes
Biaux et bons, gracieux et dignes;
Bremons conduisait la seconde,
Qu'il n'avait homme en tout le monde
Qui mielx conduire la sceust.
L'Espare la tierce conduit,
Qui sagement la guie et duit.
. . . .
Li princes ot la voie senestre
Et L'Espare prit celle à destre,
Et Bremons avoit la moyenne.

Le but de l'expédition étant glorieusement atteint, les croisés revinrent auprès du roi qui en préparait une nouvelle contre Tripoli de Syrie, et Florimont se disposait à y prendre sa part de péril et de gloire, lorsque la rupture dont je parlais plus haut éclata dans l'île de Rhodes.

Guillaume de Machaut nous laisse dans une complète ignorance sur la cause de ce démêlé dont les suites furent singulières;

> Si la cause dire vouloie,
> Pour quoy ce fu, je ne saroie :
> Car par ma foy je ne la say
> N'encore oy dire ne l'ay.

Mais nous pouvons suppléer à son silence au moyen d'un autre écrivain, Henry Giblet, qui paraît avoir puisé à des sources authentiques (¹³).

D'après cet historien, l'origine du différend tenait à une altercation particulière survenue entre le sire de Lesparre et l'amiral de Chypre, Jean Mustri ou Monstry, dignitaire qui possédait toute la confiance du roi, quoiqu'il fût accusé par plusieurs seigneurs d'avoir trahi dans une occasion la cause de la chrétienté. Un sire de Rochefort, breton vaillant, mais orgueilleux et entêté, avait pris parti pour Florimont dans cette querelle, et la présence même du roi et du grand maître de Rhodes ne les avait pas retenus dans leurs provocations et leurs insultes envers le cavalier soupçonné de félonie. « Ces deux seigneurs, dit notre historien, fiers de la gloire qu'ils avaient acquise dans cette guer-

re, et à laquelle chacun rendait hommage, en étaient
venus au point de se croire au-dessus de toutes les
lois, et de ne pouvoir plus souffrir ni supérieurs ni
égaux. » En effet, le roi ayant voulu leur imposer silence, ils lui firent entendre assez clairement que s'ils
avaient égard à ses paroles, c'était seulement à cause
de son titre, et qu'ils ne le tenaient pas pour meilleur
chrétien que son protégé ([14]).

C'eût été oser beaucoup même envers un souverain
moins redoutable que le despotique et féroce Lusignan,
et cette audace ne pouvait rester impunie. A quelque
temps de là, lorsque la flotte destinée à agir contre
Tripoli fut prête à appareiller, et que Florimont et le sire
de Rochefort se présentèrent avec les autres seigneurs
pour prendre place dans les galères royales, le roi leur
défendit d'y entrer, et leur déclarant qu'il n'avait plus
besoin de leurs services, il les laissa dédaigneusement
sur le rivage de Rhodes. Voici encore à ce sujet le
récit de Guillaume de Machaut :

> Li sire de Lesparre vint
> O ly gens d'armes plus de vint,
> Et voulait entrer en galée.
> Li roys ly deffendy l'entrée
> Et dit que jà n'y enterroit
> Avec lui, ainçois demourrait,
> Car des gages estoit quassez
> Et s'avoit gens d'armes assez,
> Encor li dist-il autre chose,
> Que pas ne vueil qui soit enclose,

Present contes et chevaliers
Et gens d'armes et escuiers.

Les paroles du roi furent brèves et précises :

Sires de Lesparre, servy
M'avez, que bien l'ay desservy;
Et se je vous doy rien paier
Vous vueil tantost sans delaier;
Mais cure n'ay de vo service,
Car trop y a dangier et vice.

Un affront si grave et si public porta à son comble
l'exaspération d'un caractère aussi violent que celui de
Florimont. Il lui fallait une satisfaction même de la
part d'une tête couronnée, et il n'hésita pas à envoyer
une lettre de défi, lui simple chevalier, au roi de Chypre. D'après les habitudes féodales, il lui écrivit d'a-
bord pour renoncer à son allégeance, et immédiatement après, lui adressa son cartel. Je dois le texte même
de cette curieuse correspondance à Guillaume de Machaut, qui nous l'a heureusement conservé. Il est remarquable que les lettres de Florimont ne renferment
rien qui approche de la jactance. Son langage est à la
fois digne et ferme; c'est celui d'un homme offensé
dans son honneur, et irrévocablement décidé à obtenir ou à se faire justice :

« Mon honnoré et très redoutté Seigneur, vous savez bien comment vous m'envoyastes querre en Cons-
tantin par voz lettres et par Messeigneurs Bremon de
la Voste, que je vous venisse servir; et je qui cuidoie en
vous trouver un bon Seigneur, et comme celluy qui y

estoie tenuz, vins à vostre mandement, et je vous ay
servy par l'espace de dix mois entiers ou plus, des quelx
je vous ay servy les six à mes coustanges et les quatre
aux vostres : et si, vous ay servy le mieulx et le plus
honnorablement que j'ay peu et sceu. Or est ainsi que
depuis un pou de temps en ça, vous avez pris melen-
colie sur moy, ou par faulz rapport, ou par vostre volonté, ne scay lequel. Assez de fois vous ay dit et prié
qu'il vous pleust à me dire pour quoy vous me portez
malivolenté, ne se aucuns vous avoit rapporté aucune
chose de moy qui fust contre vostre honneur ou la
moie; car se ainsi estoit que nulz le vous eust rapporté, j'estoie prest de men désencuser par devant vous,
en disant qu'il avoit menty faulsement et malvaisement,
et que je m'en deffenderoie par mon corps, aussi comme
un chevalier se doit deffendre, en gardant son honneur.
Et outre je le vous ay jà fait dire par le prince vostre
frere, par le conte de Hereford et messire Parceval,
estant en Rodes hors de vostre royaume, et onques n'ay
trouvé homme qui m'ait dit que j'eusse fait chose qui
tournast contre mon honneur, si que desormais je m'en
tieng pour désencusé, et tieng que j'ay fait ce que ung
vray et loyal chevalier. Et quant au fait de la lettre en
la quelle je vous estoie tenu, je la pense bien avoir
acomplie telement comme je doy; car je vous ay fait
présenter, par le maistre de l'Ospital et par le conte de
Herford que j'estoie prest d'aler en ceste presente armée, et de vous tenir tout ce que je vous avoie promis,
ou cas que vous me tendrez aussi tout ce que vous
m'avez promis : et vous leur aviez respondu que vous

ne vouliez que je y alasse, et ou cas que je yroie, vous me feriez faire damage et deshonneur; de la quelle chose vous me faisiez grant tort, car le service de Dieu est commun, et vous ne le deussiez mie défendre à nul crestien, especialment à moy, consideré le service que je vous ay fait. Et toutes les autres choses contenues ès dictes lettres, je les ay si bien acomplies à mon avis, que dès ores en avant j'en doy estre tenu pour désencusé. Et puis que ainsi est, que je voy clèrement que vous voulez du tout mon deshonneur et mon damaige, je m'aquicte de vous et m'en desiste dès ores en avant, et vueil que vous sachiez que dès or maiz j'aymeray autant pourchacier vostre deshonneur comme ferez la moie, et pourchaceray à mon povoir, non obstant que je vous eusse dit que je vous serviroie volentiers tous les jours de ma vie, tant comme je congnoistroie que mon service vous pleust. Mais ore voy-je bien qu'il ne vous plaist plus, et pour ce je m'en acquicte et vueil faire le contraire. Dieu vous rende le guerredon selon voz mérites. Escript à Rodes le iije jour d'aoust. — Le sire de Lesparre. »

Le cartel, daté du jour suivant, peut être considéré comme un modèle de hauteur et d'arrogance chevaleresque :

« Pierre de Lusignan, roi de Chippre. Je Florimont sire de Lesparre, vous faiz savoir que assez de foiz je vous ay oy dire deux choses : l'une si est que vous ne mantistes onques, et l'autre si est que se nulz vous chargoit de riens contre vostre honneur, que vous vous en defendriez pardevant le roy de France. Je vous dy d'aucunes convenances lesquelles vous m'avez menties faulsement et mauvaisement. Et se vous voulez dire le contraire, je le vous prouveray par mon corps encontre le vostre, pardevant le roy d'Angleterre monseigneur, ou pardevant le prince de Guienne son fils, ou pardevant le roy de France, le quel que vous vouldrez de ces iij. Et pour que vous ne vous puissiez mie désencuser que vous ne puisslez estre pardevant l'un des trois, je vous doing terme de la Saint-Michel prouchenne venant jusques à un an, et si me faictes savoir devant le quel vous voulrez estre de ces trois : je y seray. Et ne vous désencusez mie que je ne soie assez gentilz homs haus pour vous combattre, car je me tieng aussi gentilz homs de père et mère comme vous estes : et en vous n'a de noblesse plus qu'en moy, fors que vous avez une couronne de roy, la quelle j'ay oy dire à mains preus homes que nulz homs n'est dignes de la porter, qui soit fauls et mauvais et mançongier si comme vous estes. Si me faictes response se vous voulez maintenir le contraire ou non dedans le dit terme de Noël. Escript en Rodes le quart jour d'aoust, l'an de la Nativité Nostre-Seigneur Mil ccclxvij. »

Si nous devions nous en rapporter au second historien que j'ai cité, plutôt qu'à Guillaume de Machaut, la provocation en duel n'aurait pas eu lieu par correspondance ; elle aurait été adressée en face au roi de Chypre, qui, répondant à cette bravade par un acte

non moins héroïque, aurait sur-le-champ déposé sa couronne, et fait vœu de ne la remettre sur sa tête qu'a-
près avoir combattu son adversaire en champ clos ([15]).
Cette version paraît peu probable : mais ce qu'il y a de
certain c'est que le prince prit la chose fort au sérieux :

> Quant li bons roys les lettres vit,
>
> Savez comment il se chevit ?
>
> Il les ouvry et prist à lire ;
>
> Et puis commença à soubzrire,
>
> Et dit qu'il ne li en chaloit
>
> Se plus servir ne le vouloit ;
>
> Et qu'aussi ne le veult-il mie,
>
> Si que bonne est la départie.
>
> Mais se forment li desplaisoit
>
> Que rudement li escripsoit,
>
> Et qui li disoit villennie
>
> Ce que faire ne deust mie.
>
> Si pensa longuement sanz faille,
>
> Quant il vit qu'en champ de bataille
>
> Estoit appellez telement.

Pierre de Lusignan consulta donc son conseil, et il
fut jugé que le roi ne pouvait refuser la satisfaction
demandée. En conséquence le prince accepta le défi,
et envoya à Florimont la réponse suivante :

« Florimont, sire de Lesparre. Nous avons receu et
veu unes lettres, lesquelles nous avez envoiées. Et quant
est de ce que escript nous avez, que la response des
dictes lettres vous envoyons dedanz la feste de Noël
prouchain venant, savoir vous faisons que nous, si
comme le savez, sommes à présent sur nostre armée

au saint service de Dieu; mais sachiez que nous par la grace de Dieu retournant de l'armée, vous, dedanz la Saint-Michel qui sera de la Saint-Michel prouchain venant en un an, trouverez à la court du roy de France qui vous respondra si comme il vous affiert, et en telle manière que jamais n'aurez volonté d'escrire à roy crestien par la manière que escript nous avez. Escript à nostre hostel du Quid le xvᵉ jour de septembre l'an mil ccc lxvij. de la Nativité Nostre-Seigneur Jhesu-Crist. »

En même temps que Pierre Lusignan écrivait cette réponse, il envoyait en France son chambellan nommé, dans le poëme, Parceval de Coloigne, pour s'occuper des apprêts du duel, apprêts fort dispendieux et fort longs, comme chacun sait. « Parceval, lui dit-il dans le poëme,

« Parceval, vous savez comment
Florimont de gage m'appelle,
Qui est merveilleuse nouvelle
Et plainne de moult grant desroy,
C'un chevalier appelle un roy.
Il m'escript villainnement
Et si très orgueilleusement,
Que c'est là rien qui plus m'anoie,
Comment que confortez en soie :
De riens n'en croist ses vassellages,
Ains est folie et grans oultrages
De mettre en sa lettre s'estude.
Il est moult plains d'ingratitude
Qu'il ne recongnoist les biens faiz.

Que par maintes foiz li ay faiz.

Vous savez bien que je l'amoie,

Honneur et proufit li faisoie,

Et à tort m'appelle de gage

Ainsi comme il feroit un page. »

« Faites donc la *pourvoyance,* » c'est-à-dire les apprêts, continuait le roy :

« Mais faites la si grandement,

Et si très honnorablement,

Qui ne soit chose qu'il y faille :

Car trop seroit notable faille

S'il y avait aucun deffault;

Et vous savez tout ce qu'il fault.

A tel fait pour vous en charge

De touz poins, et si m'en descharge. »

A ces instructions, le roi ajouta une somme de 100,000 livres, uniquement pour les frais de son équipement, ce qui obligeait Florimont à faire une dépense pareille pour le sien.

En attendant Florimont, revenu en Europe, eut encore le temps de prendre une brillante part à la célèbre expédition de 1367, entreprise par le prince Noir pour replacer D. Pedro sur le trône de Castille ([16]). Il faisait partie du troisième corps que commandait le roi de Mayorque D. Jacques III, époux titulaire de Jeanne Ire de Naples, et se conduisit avec sa bravoure ordinaire à la journée de Navarète, où Duguesclin et Henri de Trastamarre furent vaincus.

Lorsqu'il rentra en France l'été était près de finir,

et le terme fixé pour le duel approchait rapidement.
Cette rencontre qui semblait inévitable n'eut cependant pas lieu, mais il ne fallut pas moins que l'in-
tervention du chef spirituel de la chrétienté, du pape
Urbain v, pour arracher aux deux champions les armes des mains, et pour les amener à une réconcilia-
tion ([17]). Les détails de ce rapprochement nous ont
été conservés : malheureusement les deux seuls auteurs qui en aient parlé sont moins des historiens que
des panégyristes de Pierre de Lusignan, et leur récit
paraît trop manifestement partial en faveur du roi.
Dans l'histoire imprimée comme dans le manuscrit de
Guillaume de Machaut, le sire de Lesparre cède à la
crainte et demande grâce, et les auteurs, oubliant ce
qu'ils avaient dit précédemment de son audace et de
son intrépidité, vont jusqu'à le faire trembler pour sa
vie et répandre des larmes devant le roi, le pape,
l'empereur Charles iv, et le duc de Milan. Ce fut du
reste à Rome que cette scène eut lieu, et, d'après Guillaume de Machaut, elle dut être imposante et dramati-
que. Impatient de dégager son honneur, et appelé d'un
autre côté par le pape qui voulait employer sa valeur
contre les princes d'Italie, Pierre de Lusignan avait dé-
barqué à Naples dans l'automne de l'année 1367, et de
là il avait pris son chemin par Rome pour venir en
France, lorsque, pendant son séjour dans cette ville,
le pontife résolut d'empêcher le duel. Il cita donc Florimont à comparaître à Rome devant son tribunal, et
la citation paraît avoir été commune, sans que nous
sachions pourquoi, au sire d'Albret ([18]). Florimont

obéit, et le sire de Rochefort l'accompagna. Il fut fort difficile d'obtenir de Pierre de Chypre qu'il se contentât des excuses que Florimont lui offrait. Le pape et les cardinaux y perdaient leur peine.

> Touz jours sont cardinaux en voie
> Qu'au roy li saint peres envoie;
> Mais pour venir ne pour aler
> Li roys n'en volt oïr parler.

Pourtant l'approche de la semaine sainte et les pressantes supplications d'Urbain fléchirent la rancune du prince qui ne voulut pas se montrer moins miséricordieux que le Sauveur, dont le pape lui proposait l'exemple.

> Si respondy moult humblement :
> « Très saint pere, à commandement
> Pren et reçoy votre priere,
> Par cy que mon honneur entière
> Y soit si nettement gardée,
> Qu'elle n'y soit en rien grevée.
> Car je vueil à vous obéir,
> En touz cas sanz desobéir.
> Et avec ce qu'il se desdie,
> En vostre presance, et qu'il die,
> Si hault qu'il ne puist nyer,
> Qu'il me tient pour bon chevalier. »

A ces conditions, une assemblée solennelle fut convoquée la vigile de Pâques 1368, pour assister à la réparation que le sire de Lesparre devait faire au monarque offensé. Le pape ouvrit la séance par un discours sur le pardon des offenses, et invita ensuite Florimont à désavouer les paroles *rudes* et *folles* qu'il

avait adressées au roi de Chypre. Florimont y ayant
consenti, s'agenouilla devant le prince et lui demanda
pardon, en protestant qu'il mettait son défi au néant,
et qu'il tenait le roi pour le chevalier le plus *ferme*, le
plus *loyal*, et le plus *net* qu'il y eût au monde.

« Monseigneur, je vous ay meffait
De cuer, de pensée et de fait,
De voulenté et par escript,
Car mal à point vous ay escript :
Dont je me repen sanz mentir,
Tant com je m'en puis repentir. »

Tous les assistants se joignant alors au sire de Lesparre pour que ses excuses fussent acceptées, le roi
se déclara satisfait, après quoi le Pape fit apporter le
vin et les *épices* pour que la paix fût bien *affermée*.
Florimont servit le roi à genoux, suivant notre poëte :

Et li bons roys qui bien perçut
Son cuer, en grace le reçut.
Ainsi fu la pais accordée
Et du saint pere confermée.

Sans aucun doute, le fonds de ce récit est vrai, en
ce sens que Florimont, une fois sorti de ce monde d'a-
ventures et de licence que présentait alors la terre
sainte, dut rentrer en lui-même et éprouver quelques
regrets de sa hauteur envers un souverain. Comprenant
d'ailleurs, à son retour en Europe, que sa conduite
était universellement blâmée, et qu'aux yeux de tous
elle constituait une infraction, dont il n'y avait pas encore eu d'exemple, aux lois de la subordination féodale et même aux principes de la religion, il dut être

porté à offrir des satisfactions que tout le monde réclamait de lui. Mais un homme de ce caractère ne
pouvait, en agissant ainsi, être dominé par la crainte;
les chroniqueurs qui ont cru relever le roi de Chypre
en rabaissant son vaillant adversaire se sont complé-
tement trompés (.[19]). Le courage de Florimont était si
peu contesté que le roï craignit qu'on ne soupçonnât le
sien, et qu'il jugea nécessaire de demander au pape
une déclaration, ou, comme dit Guillaume de Machaut,
des *lettres* constatant qu'il s'était conduit en homme
d'honneur et que c'était sans raison qu'il avait été appelé en champ clos ([20]).

Ce débat terminé, Florimont revint dans la Guienne,
où la guerre civile était près d'éclater, par suite de
l'appel que plusieurs barons de la province, entre autres
les sires d'Albret, de Foix et d'Armagnac, avaient
adressé à Charles v, contre les exigences fiscales du
prince Noir. Le désir que devait éprouver Edouard,
d'arrêter les défections qui se manifestaient dans le
parti anglais, nous expliquerait, je crois, un acte
assez bizarre, passé à cette époque entre Florimont
et le prince anglais. C'est une convention par laquelle,
attendu que chacun d'eux réclamait de l'autre une somme
de 1,000 liv. sterling, celui qui serait reconnu la devoir s'obligeait d'avance à la payer à l'autre. Cet acte
est du 17 juin 1370; or, par une autre déclaration du
même jour, Edouard, reconnaissant que c'était lui qui
devait les 1,000 liv. tant à Florimont qu'à son père,
et cela pour gages de service militaire, lui abandonnait

la personne de Hugues de Roussy, prisonnier français,
dont la rançon devait lui tenir lieu de payement ([21]).
Selon toutes les apparences, ce n'était là qu'une libé-
ralité déguisée, et Edouard avait pris ce détour pour
gratifier un chevalier dont la fidélité et les services
étaient de la plus haute importance, sans exciter de
jalousie ou s'attirer d'autres demandes indiscrètes.
Quant à Hugues de Roussy, aux dépens duquel le marché avait lieu, nous observerons que ce chevalier et sa
famille avaient été peut-être les plus malheureuses victimes de la guerre entre l'Angleterre et la France; et
qu'après avoir vu leurs domaines pillés tour à tour par
les Anglais et les Français, et incendiés par les grandes compagnies, il ne leur manquait plus que d'être
rançonné par les Gascons.

Les hostilités ayant recommencé dès l'année 1369,
Florimont y prit une part active, et, selon l'usage de
ce temps, il s'associa pour les profits et les pertes de
la guerre avec le fameux Jean III, de Grailly, captal
de Buch, l'un des meilleurs capitaines et le plus rude
homme d'armes de l'époque. A eux deux ils firent
d'admirables prouesses pendant la première campagne,
surtout à la prise de Limoges, qui fut emportée d'as-
saut par le prince Noir, et saccagée avec une épouvan-
table barbarie. Mais, par la faute du caractère de Florimont ou de son étoile, cette fraternité d'armes devint pour lui, comme la croisade, une source de contestations et de chagrins. Les deux associés avaient
fait trois prisonniers dont ils avaient droit d'attendre

une opulente rançon, car, des trois, un était le frère,
et un autre le neveu du pape Grégoire XI. C'étaient les
sires de Beaufort, de la Roche, et de Lignac (22). Par
malheur la rançon n'était pas encore fixée lorsque Jean
de Grailly tomba l'année suivante entre les mains des
Français, qui ne voulurent plus le rendre. Lui, à son
tour, ne voulut pas entendre parler de la délivrance de
ses captifs, contre lesquels vraisemblablement il demandait d'être échangé, et les choses étaient dans cet
état lorsque le Captal mourut de rage et de désespoir
en 1377, après cinq ans de captivité. Ce n'eût été là
qu'un contre-temps ordinaire, si Florimont lui-même
n'avait pas éprouvé un sort tout pareil, à la mort près.
Pendant que le Captal succombait dans son cachot,
il devenait à son tour prisonnier des Espagnols, et se
voyait entraîner dans la Vieille-Castille. De telle sorte que les vainqueurs éprouvaient la même destinée
que les vaincus, et que tous étaient dans les fers; les
chevaliers limousins à Londres, le Captal dans la fa-
meuse tour du Temple à Paris, et Florimont dans le
château de Burgos.

La captivité du sire de Lesparre se rattachait à de gra-
ves événements, dont Bordeaux venait d'être le théâtre,
et que je dois rappeler aussi brièvement que possible.
Lorsque le prince Noir eut quitté la Guienne, ce qui
eut lieu peu de temps après la prise de Limoges, la province fut administrée par Thomas Felton, sénéchal, auquel le roi avait adjoint les sires de Mucidan, de Buch
et de Lesparre, qui étaient en même temps membres

de la cour souveraine de Gascogne (²³). Florimont était
alors investi de toute la confiance du roi Edouard, qui
venait de lui assurer une rente annuelle de 80 livres.
Mais la retraite du prince et les victoires rapides des
Français placèrent bientôt la Guienne anglaise dans
une position critique. Deux factions, le parti anglais
et le parti français, avaient de tous temps divisé la population de Bordeaux et la noblesse de la Guienne (²⁴).
Le sénéchal, averti qu'une conspiration avait été formée pour livrer la ville aux troupes de Charles v, qui
la serraient de toutes parts, voulut faire un grand
exemple et décourager les traîtres par un coup d'autorité. Il fit arrêter et traduire devant la cour de Gascogne, dont Florimont faisait partie, Guillaume de Pomiers, l'un des plus braves chevaliers de la province,
qu'il regardait sans doute comme le chef du complot,
et qui fut condamné à mort et exécuté, ainsi que Jean
Colon, bourgeois de Bordeaux, son secrétaire et son
complice (²⁵).

Mais Guillaume de Pomiers avait un frère et un oncle, Hélie et Aymon, non moins braves, non moins
estimés que lui, et qui accusèrent Florimont d'avoir
le plus contribué à l'arrêt de sa mort. Cette famille
était puissante par ses propriétés et par ses alliances.
Elle cherchait à se venger et elle en trouva bientôt
l'occasion. Florimont ayant été envoyé en Angleterre
avec Jean de Harpedane et Jean de Gurson, pour pres-
ser l'envoi d'un renfort de troupes, le vaisseau qu'ils
montaient fut rencontré par une flotte espagnole, et

comme la guerre durait encore entre Henri de Trastamarre et l'Angleterre, Florimont et ses collègues, vaincus après une résistance désespérée, furent conduits
en Espagne.

Un captif de cette importance ne pouvait être relâché facilement, et les dénonciations de la famille de
Pomiers auprès du roi de Castille n'étaient pas de nature à améliorer sa position ([26]). Il resta près de deux
ans en prison, encore n'obtint-il, après ce temps, d'être
provisoirement élargi, que sous la caution personnelle
d'Edmond de Cambridge, fils du roi d'Angleterre, qui
répondit pour lui. Malheureusement son absence avait
été mise à profit par Archambaud de Grailly, oncle et
héritier du Captal, qui s'était hâté d'entrer en négo-
ciations avec les prisonniers. Les intérêts de Florimont
furent vainement défendus par ses fondés de pouvoirs,
qui n'obtinrent qu'une chose; c'était que ses droits fussent réservés au moyen d'un compromis signé par Archambaud, et d'après lequel le litige devait être soumis
à la décision de quatre chevaliers. Mais en attendant
leur jugement, les prisonniers français, que le débat
intéressait peu, et dont le pape demandait instamment
la délivrance, payèrent entre les mains d'Archambaud
la somme convenue, c'est-à-dire 120,000 francs d'or
de France, et recouvrèrent leur liberté ([27]).

Devenu libre à son tour et ayant sans aucun doute
besoin de toucher sa part d'une aussi riche rançon
pour acquitter la sienne, Florimont reprit l'instance en-

gagée contre Archambaud, qui n'entendait pas rendre ce qu'il avait reçu, et dont la résistance fit ajourner pendant huit ans la nomination des arbitres qui devaient être choisis de part et d'autre. D'ailleurs, une nouvelle cause de débats, résultant de leurs prétentions contradictoires à la propriété de la terre de Verteuil, en Médoc, ajoutait à l'animosité des deux adversaires ([28]). Les arbitres ne furent nommés par eux qu'en 1386, savoir, pour Florimont, le sire de Rauzan et celui de Lescun; pour Archambaud, Pierre de Navailles et Amanieu Andron, châtelain de Bourg : en cas de partage, le comte de Foix devait prononcer définitivement. Les arbitres ne réussirent cependant pas à terminer les débats, car nous savons que trois ans plus tard, c'est-à-dire en 1389, la querelle de Florimont et d'Archambaud, plus animée que jamais, troublait toute la Guienne. Aussi, su. les instances du maire de Bordeaux et de la noblesse de la province, le duc de Lancastre nomma en 1393 une nouvelle commission, dont l'intervention fut plus efficace. Les parties s'étaient obligées d'avance à se soumettre à la décision qui serait rendue, sous peine, pour celle qui contesterait encore, de payer 12,000 marcs d'argent, applicables par moitié au roi d'Angleterre et à l'autre partie. Ce qu'il y a de certain c'est qu'après cette date nous ne trouvons aucun document qui se rapporte à cette discussion ([29]).

Pendant la poursuite de ce long procès, Florimont n'avait pas cessé d'être investi de la confiance du roi Edouard, confiance qui lui fut continuée par le jeune

et malheureux successeur de ce prince. Il est toujours
nommé dans les actes du temps parmi les seigneurs
chargés des missions les plus importantes : tantôt comme gardien des trêves conclues avec la France, tantôt
comme juge des appels de Guienne, tantôt comme dé-
puté pour recevoir l'hommage des comtes de Foix et
d'Armagnac ([30]). Quant aux événements militaires auxquels il prit part, je ne pourrais en citer de remarqua-
bles, car on sait que pendant les dernières années
d'Edouard, et pendant le règne entier de Richard II,
il n'y eut que des faits d'armes partiels, des surprises
de places, et point d'engagement décisif ou de bataille
rangée. L'Angleterre, épuisée et désunie, n'envoyait
plus sur le continent ni forces imposantes ni capitaines
redoutés. La guerre était réduite, dans la Guienne surtout, à des courses ou plutôt à des brigandages réci-
proques, dans lesquels les gentilshommes cherchaient
moins à s'illustrer qu'à s'enrichir ou à se dédommager
de leurs pertes. Quelquefois pourtant ils s'envoyaient
d'un parti à l'autre des défis inspirés par le seul amour
de la gloire, comme l'apertise d'arme à laquelle assista
Florimont et qui eut lieu à Bordeaux, entre le seigneur
de la Rochefoucault, gascon français, et le sire de
Montferrand, gascon anglais ([31]).

Mais Florimont, dans toutes les affaires où il était
mêlé, devait éprouver des traverses. Ses rapports avec
le gouvernement anglais n'en furent pas exempts, surtout en ce qui concerne les affaires d'intérêt. Il faut se
souvenir que la vie des gentilshommes de cette époque

n'était pas seulement agitée par les hasards et les périls de la guerre; il s'y mêlait des ennuis et des pertes de plus d'un genre, soit à cause des excessives dépenses que le service exigeait et que les subsides royaux ne couvraient pas toujours, soit à cause des rançons qu'ils étaient exposés à payer, soit enfin à cause des ravages que leurs domaines éprouvaient souvent. Ajoutez à cela l'instabilité de leurs revenus, qui consistaient presque uniquement en redevances, le manque d'avances et de capitaux, la cherté de l'argent, et le haut prix de tous les articles manufacturés. Florimont, en ce qui le regardait, n'échappait pas à la loi commune, et la gêne de ses affaires se trahit plus d'une fois au travers des indications malheureusement trop rares qui nous restent sur sa vie privée. Riches et pauvres en même temps, oppresseurs et victimes à la fois, toujours obérés et toujours avides, les nobles d'alors étaient exploités par l'usure comme ils exploitaient eux-mêmes leurs vassaux. Aussi le gouvernement anglais prenait-il ses sûretés quand il leur mettait des fonds entre les mains, car ils ne se piquaient pas d'une fidélité scrupuleuse en fait de restitution. D'après un document de l'année 1383, Richard II, voulant faire parvenir 3,500 marcs sterling d'argent au sénéchal de Guienne, pour les besoins de la province, les confia à Florimont, qui se trouvait alors à sa cour. Mais la remise eut lieu par-devant notaire, en présence de témoins et avec des stipulations on ne peut plus rigoureuses. Par exemple, dès ce moment, Florimont déclarait remettre au roi ses châteaux du Breuil et de Cussac, pour garantie de

la somme. A son arrivée à Bordeaux, il devait se con-
signer lui-même aux mains du sénéchal William Les-
crop, et rester en séquestre dans le palais de l'Ombrière
jusqu'à parfait remboursement. Enfin, s'il arrivait que
par sa faute la remise des fonds éprouvât des difficultés,
il se soumettait d'abord à une amende de 1,000 marcs
envers la chambre apostolique, ensuite à une indemnité
de 1,000 marcs pour chaque mois de retard, au profit
du roi d'Angleterre (³ª). Nous ignorons si le mandat fut
exactement rempli, mais deux ans plus tard, en 1385,
nous le retrouvons à Londres dans une bien singulière
et bien humiliante position, en compagnie de deux des
plus grands seigneurs de la Guienne, les vicomtes de
Castillon et d'Orthe, qui y avaient été mandés aussi pour
les affaires de la province. Ils étaient tout simplement
prisonniers pour dettes à Newgate, à la réquisition d'un
des conseillers de Richard ii, auquel ils devaient 5,526
francs d'or.

Ce créancier impitoyable était un homme à qui l'a-
mitié de Richard ii porta malheur, sir Nicolas Brembre, un marchand parvenu, qui devint successivement
lord-maire de Londres, chevalier banneret, favori du
roi, et qui, après avoir commencé comme un rotu-
rier, eut au moins la consolation de finir comme un
gentilhomme anglais de pur sang, et comme tous les
favoris de Richard ii, c'est-à-dire sur un échafaud.
J'aurais penché à croire qu'il s'agissait encore ici d'un
dépôt confié ou réclamé par le prince, dont Nicolas
Brembre n'aurait été que le prête-nom, si plusieurs piè-

ces tout à fait analogues, mais antérieures d'un siècle, qui ont été retrouvées dernièrement aux archives de la mairie de Londres par notre jeune et savant compatriote M. Jules Delpit, ne m'avaient donné le véritable sens de celle-ci. Il n'était que trop réel que les seigneurs gascons, dans leurs voyages politiques en Angleterre, qui duraient souvent plus longtemps qu'ils n'auraient voulu, étaient réduits quelquefois à manquer d'argent : et dans ces moments critiques, le roi ordonnait à la cité de Londres de rembourser leurs créanciers sous sa garantie personnelle, mais avec tous les recours de droit contre les débiteurs ([33]). Telle fut sans aucun doute l'origine de l'acte souscrit à Nicolas Brembre, et dans lequel nos trois chevaliers, assistés de deux de leurs compatriotes, le soldan de La Trau et le sire de Montendre, reconnaissaient, devant je ne sais combien de clercs, avoir emprunté cet argent dans un moment d'urgente nécessité, et avoir négligé de le rendre, ce qui les avait amenés à se constituer personnellement prisonniers à Newgate *(in prisonam de Neugate),* d'où, par pure bonté, le chevalier Brembre leur avait permis de sortir. En conséquence, pleins de gratitude pour ses bons procédés, ils s'engageaient solidairement à le payer, avec intérêts et frais, et pour cela Florimont devait revenir seul à Bordeaux, les autres restant à Londres ; et trois semaines après son arrivée les fonds devaient être remis à Nicolas Brembre ou à ses fondés de pouvoir, soit dans le château de l'Ombrière, soit dans toute autre place de la Guienne, à son choix ([34]). Cet acte, dans lequel toutes les formes légales sont mi-

nutieusement observées, et qui ferait honneur au notaire le plus exercé de nos jours, peut être regardé
comme un modèle de la pratique anglaise au moyen
âge; et il n'est pas moins intéressant en ce qu'il nous
montre la vieille aristocratie féodale dans une attitude
bien humble et bien obséquieuse devant cette autre
aristocratie, récente alors, celle de l'argent.

Nous ne trouvons pas le nom de Florimont parmi
ceux des seigneurs qui protestèrent en 1388 contre la
cession du duché de Guienne à Jean de Lancastre, ce
qui prouve qu'il ne démentait dans aucune circonstance sa fidélité aux intérêts de l'Angleterre : aussi nous
voyons qu'il fut l'un des commissaires députés par le
prince pour la conclusion de la trève de cette année
avec la France, trève qui fut particulière à la Guienne.

Dans un acte de l'an 1390, Florimont est désigné
comme ayant traité pour le roi d'Angleterre avec le
comte Bernard d'Armagnac; et l'année suivante il était
présent à la procuration donnée par ce même comte
d'Armagnac à Manaut de Barbazan, pour conclure la
paix avec le roi de Navarre Charles III, et régler les
conditions d'un mariage entre le comte et l'une des filles de ce roi ([35]). C'était ce même Bernard d'Armagnac
qui devait remplir dans la suite la charge de connétable et périr si tragiquement à Paris dans la fatale journée du 12 juin 1418.

La dernière discussion importante que Florimont

paraît avoir soutenue, car il ne faisait pas autre chose, comme tous les nobles d'alors, que plaider et combattre, fut encore relative à une rançon. Il s'agissait également cette fois d'un captif de haut parage, d'un prisonnier de race royale, dont la finance devait revenir en partie à Florimont, et qui se trouvait en 1392 entre les mains du comte de Foix.

Il résulte, en effet, d'un document conservé aux archives de Pampelune, qu'à cette époque Florimont était en marché pour la rançon de D. Alonzo de Denia, fils d'un infant d'Aragon, que son père, tombé entre les mains des Anglais en 1367, à la bataille de Navarrète, avait livré comme otage aux chevaliers qui l'avaient pris ([36]). L'histoire de la rançon du jeune comte de Denia, qui resta vingt-cinq ans en séquestre soit en Angleterre, soit en Navarre, est un curieux épisode des guerres de cette époque, et elle fournit des renseignements assez complets sur une question jusqu'ici peu étudiée, je veux dire la partie aléatoire ou commerciale de l'état militaire au moyen âge. On voit, d'après les actes relatifs à D. Alonzo, qui sont en assez grand nombre dans Rymer, que les prisonniers de guerre devenaient tantôt une marchandise sur laquelle on spéculait, tantôt une monnaie qui servait à payer d'anciennes dettes, tantôt un fonds qu'on pouvait hypothéquer et sur lequel les créanciers ouvraient un ordre, tantôt une lettre de change qui servait à établir le solde d'un compte et qu'on expédiait à distance. D'un autre côté, les changements de mains que D. Alonzo subit, les det-

tes qu'il contracta, les discussions auxquelles sa dépense donna lieu, enfin le grand nombre d'intéressés
qui avaient des reprises à exercer sur sa rançon, toutes ces circonstances nous font comprendre que la garde et l'entretien de prisonniers de cette importance
n'étaient pas sans inconvénients pour ceux qui les
avaient pris, et que ce qu'ils avaient de mieux à faire
c'était de les vendre le plus tôt possible à de riches spé-
culateurs ou à des souverains, s'ils ne voulaient pas finir par y perdre.

En ce qui regarde D. Alonzo, nous trouvons parmi
les ayants droit à sa *finance*, comme on disait alors,
d'abord Johan Shakell et Robert de Hawley, deux sim-
ples écuyers, qui étaient vraisemblablement ceux qui
avaient pris son père; puis le prince Noir, Jean Chandos, Nicolas Brembre, le vicomte de Castillon, le comte
de Foix, Florimont de Lesparre, et en dernière ligne
une foule de marchands et de fournisseurs auxquels il
fit banqueroute, quand il eut désintéressé les créanciers les plus redoutables. Il partit de Bordeaux, où il
avait résidé en dernier lieu, *hospite insalutato*, comme
disait Jean de Trailly, maire de cette ville. Florimont
fut donc un de ceux auxquels il eut affaire, et cela
probablement par suite d'une garantie qu'il avait donnée, ou d'une délégation qui lui fut transmise sur la finance du royal otage. Quoi qu'il en soit, la liquidation
de la finance du comte de Denia n'était pas terminée
près de cinquante ans après la capture de son père,
car je trouve dans les rôles qui correspondent à l'an-

née 1412 plusieurs pièces qui s'y rapportent. Il s'en suivit même une véritable guerre maritime, le roi d'Angleterre et le maire de Bordeaux ayant été obligés de délivrer des lettres de marque aux créanciers, pour qu'ils se payassent par leurs mains, en courant sur les navires aragonais ([87]).

Enfin, un dernier document du mois d'avril 1394 constate qu'à cette époque, Florimont de Lesparre, le sire de Castillon, et le vicomte d'Orthe, étaient encore mandés en Angleterre par Richard II, au sujet des affaires de la province, et qu'ils y devaient venir accompagnés, le premier de soixante cavaliers ou hommes d'armes, et chacun des deux autres, de trente. Une suite aussi nombreuse doit nous faire penser qu'il ne s'agissait pas seulement en cette occasion des affaires de Guienne, mais encore de celles d'Angleterre. Sans cesse menacé par ses parents ou par ses sujets, Richard appelait auprès de lui des étrangers sur la fidélité desquels il se reposait dans les circonstances critiques. Ce fut très-probablement une nécessité de ce genre qui amena le voyage de Florimont à Londres ([38]).

Ce voyage est le dernier fait historique dans lequel il soit question de lui, et selon toutes les apparences, sa vie ne dut pas se prolonger beaucoup au delà. Il avait fait son testament le 25 février 1493; et d'ailleurs il résulte d'un grand nombre de titres de l'année suivante, que c'était un nouveau propriétaire qui recevait les hommages et les aveux dus au

châtelain de Lesparre, à chaque muance de seigneur.
Nous ne possédons du reste aucun renseignement sur
sa fin. Cet homme, dont la vie avait été si bruyante,
quitte la scène clandestinement..Il s'en va pour ainsi
dire de fatigue et de dépit, comme s'il eût compris que
les temps héroïques de la féodalité étaient passés sans
retour, et qu'avec lui devait disparaître la gloire de son
antique maison. En effet, Florimont n'avait pas laissé
de rejetons de son mariage avec Marguerite d'Astarac.
En lui finissait la branche masculine des seigneurs de
Lesparre, la seule de toutes les races nobles du Bordelais qui se fût continuée sans interruption pendant
quatre siècles. Du moins elle ne s'éteignit qu'après
avoir jeté un vif éclat, et son dernier représentant
fut le plus illustre de tous.

Après lui, la châtellenie de Lesparre eut aussi ses
vicissitudes; elle passa d'abord au fils de sa sœur, Amanieu de Madailhan, puis à un de ses cousins, de la famille des Lesparre de la Barde, qui la vendit au roi
d'Angleterre. Alors le château de Lesparre devint le
chef-lieu du gouvernement anglais dans la Guienne,
et le palais de l'Ombrière fut abandonné pour cette nouvelle résidence. Possédé ensuite par les ducs de Glocester
et de Huntingdon, confisqué par Charles vii après la conquête de la Guienne, il resta pendant plus d'un siècle
dans la maison d'Albret, d'où il passa à celles de Foix et
de Nevers-Gonzague. Mais les révolutions du vieux manoir, occupé successivement par tant de maîtres, ne
devaient pas s'arrêter là: acheté par le maréchal de Ma-

tignon, et revendu par son fils, il appartint un temps
à la famille du duc d'Épernon, qui avait réuni toutes
les seigneuries du Bordelais. Quand cette puissante
maison eut disparu à son tour, faute de descendants
directs, ses immenses domaines furent dispersés, et la
châtellenie de Lesparre passa dans celle de Grammont,
d'où elle ne sortit que pour tomber dans le gouffre de
la révolution française. Mais depuis longtemps le château désert tombait en ruine, et le blason de Florimont, arboré jadis en face de celui des rois, n'occupait
pas même une modeste place dans un écusson étranger.

PRÉCIS HISTORIQUE

SUR LA

SEIGNEURIE DE LESPARRE.

—

Il existe aux archives de la Gironde un manuscrit in-folio de 304 feuillets, intitulé : *Inventaire des titres de Lesparre*. La première page présente une table des matières en tête de laquelle on lit : *Table des titres de la sirie de Lesparre plassés aux cabinets sixiesme et sep-tiesme du trésor et archiues du chasteau de Puypaulin*. L'écriture est de la première moitié du XVIIᵉ siècle, et les documents les plus récents dont il y soit fait mention sont des années 1645 et 1648, ce qui indique qu'il a été fait après la mort du duc d'Épernon. L'inventaire est disposé par nature de titres, et la liste en paraît si complète qu'on s'attendrait, au premier abord, à tirer de grands secours de ce travail. Mais on ne pourrait guère se faire une idée de l'ignorance et de l'incurie qui ont présidé au dépouillement des pièces. La plupart du temps les noms propres ont été défigurés, et les dates sont presque toujours rapportées avec des inexactitudes qui vont jusqu'à un siècle et plus. Ainsi à l'année 1331 il est fait mention du mariage de Cénebrun de Lesparre, père de Florimont, *avec Jeanne, sœur d'Archambaud de Greyli, comte de Périgord*, tandis qu'il faudrait *Archambaud-Hélie,* comte de Périgord; Archambaud de Grailly, captal de Buch, qui hérita en 1377 de son neveu Jean iii, était alors au berceau, et n'a jamais été comte de Périgord.

A l'année 1389, on trouve l'indication du *mariage de Florimont,* tandis qu'il est certain que ce mariage est antérieur à l'année 1364. Tout l'inventaire est ainsi fait en ce qui concerne les noms et les époques.

Évidemment le feudiste qui fut chargé de ce travail ne possédait aucune des connaissances les plus élémentaires de son état. Il serait imprudent d'en faire usage sans contrôler, au moyen d'autres documents, les indications chronologiques et les noms propres.

On ne pourrait donc, au moyen des renseignements fournis par cet inventaire, déterminer que d'une manière très-incomplète et très-vague la succession des sires de Lesparre, ainsi que les divers droits utiles ou honorifiques attachés à cette seigneurie. J'ai dû recourir à d'autres documents, surtout pour cette dernière partie de mes recherches; et j'ai rencontré une source précieuse, et qui n'eût rien laissé à désirer si la date en était un peu moins récente : c'est le manuscrit de la bibliothèque royale, N° 9906, intitulé : *Mémoire sur la terre de Lesparre.* Ce mémoire, rédigé à la fin du XVIᵉ siècle, peut fournir les renseignements les plus intéressants sur l'état des grands fiefs à cette époque. C'est une statistique complète et aussi détaillée que possible de la sirie de Lesparre, faite en 1592 par les ordres du duc et de la duchesse de Nevers-Gonzague, lorsqu'ils voulurent vendre ce domaine, au sujet duquel ils avaient alors une contestation avec le maréchal de Matignon, gouverneur de la Guienne, qui avait acquis les droits de la maison de Montferrant, et qui bientôt après acheta aussi les leurs. Le manuscrit est un in-4° de 108 feuillets, qui commence ainsi :

C'est pour savoir au vrai depuis quel temps cette terre est venue dans la maison d'Albret; quel a esté le dernier seigneur légitime successeur de l'ancienne maison de Lesparre; comment elle estait venue ès—mains du Roi qui la jouit depuis Florimont, dernier seigneur légitime; par quel moyen Pierre de Montferrant l'avait usurpée, et depuis lui François de Montferrant son fils; les moyens par lesquels elle a passé dans la maison d'Albret, puis de Nevers; quel titre et qualité a eu ladicte terre, sa grandeur, assiette, etc.; noms des habitants tenant feu, etc., etc., afin que Monseigneur et Madame soient informés deuement de ce qui est et peut estre........, etc.

Les Archives de la Gironde renferment une troisième

source, mais d'un moindre intérêt, c'est l'*Inventaire*
rédigé par Baurein, des *Titres de la maison noble de*
Puypaulin, c'est-à-dire de Foix-Candale-Epernon,
dans laquelle avaient passé les terriers et autres titres de
Lesparre, depuis l'acquisition de cette terre par le
duc d'Épernon. Mais l'inventaire n'en fut dressé que
lorsque les héritiers du duc et les nouveaux propriétaires de la seigneurie avaient déjà retiré la plus grande
partie des papiers. Ce n'est que par mégarde qu'on en
avait oublié quelques-uns.

Une autre collection que j'ai consultée avec fruit,
ce sont les registres de l'hôtel de ville de Bordeaux,
surtout celui qui contient les délibérations de l'année
1415, et qui m'a fourni des documents curieux, entre autres deux lettres d'Henri v aux sénéchal et maire de Bordeaux. Enfin la dernière source à laquelle
j'ai pu puiser, grâce à l'obligeance de mes savants amis
Jules Delpit et Francisque Michel, c'est l'immense collection Colbert, déposée aux manuscrits de la bibliothèque royale.

A l'aide de ces divers documents j'ai recueilli les faits
les plus essentiels à connaître relativement à la suite
des sires de Lesparre, à l'étendue et à la population de
leurs domaines, enfin aux rentes et aux droits de
toute nature qui leur étaient dus.

Baurein s'est engagé, suivant sa déplorable habitude,
dans une dissertation philologique au sujet du nom de

Lesparre. Il l'a fait dériver du latin *sparra* qui signifie dans quelques documents du moyen âge une *enceinte*, une *palissade.* La vérité est qu'il en faut rechercher l'étymologie dans l'ancien idiome du pays, dont le basque formait le fond. Dans cette hypothèse, *Espare* ou l'Esparre signifie le *lieu d'en bas* ou de *derrière;* c'est la même chose que *Hasp-aren,* nom d'une localité des Basses-Pyrénées. On ne pouvait désigner autrement la partie du Bordelais située à l'embouchure de la Gironde, qui est encore appelée le *Bas-Médoc.* D'ailleurs toutes les maisons fortifiées de cette contrée, quelle que soit leur antiquité, sont désignées par le terme de *Castet* ou *Castera,* et il n'y aurait eu d'exception que pour celle de Lesparre.

On peut établir de la manière suivante la généalogie des sires de Lesparre :

I.

Pierre-Gombaud, Gombaud-Ramond, et *Ramond,* étaient coseigneurs de Lesparre en l'année 1100, époque à laquelle ils souscrivirent un acte duquel il appert que Pierre-Gombaud et ses deux neveux Gombaud Ramond et Ramond, *de Castello quod dicitur Sparra,* donnaient à l'église métropolitaine de Bordeaux tous leurs alleux situés dans les paroisses de Saint-Pierre de Tresse et Saint-Siméon de Mélac, *inter duo Maria.* (Baurein, t. i, p. 247.)

II.

Ayquem-Guilhem i, seigneur de Lesparre, permet en
1130 à Geoffroy de Lauriole de bâtir sur sa terre, à
l'Ile-en-Médoc, paroisse de Saint-Romain d'Ordenac,
une église sous l'invocation de saint Pierre. En 1136,
il souscrit la charte par laquelle Guilhem x, duc d'A-
quitaine, cède au monastère de Sainte-Croix la coutume de trois muids de sel qui lui appartenait, et
celles appelées *poyada* et *formentada*. (Arch. de la Gironde. — Mss. de la collection Colbert à la bibliothèque
royale.

III.

Cénebrun i et *Ayquem-Guilhem* ii possèdent la sirie par indivis. En 1175 Cénebrun est réprimandé
par un bref du pape Alexandre iii, au sujet de ses
usurpations sur les droits de l'église de N. D. de Soulac, annexée au monastère de Sainte-Croix. — En 1195
ils transigent avec l'église de Bordeaux, au sujet de la
contestation relative à N. D. de Soulac, par la média-
tion de Geoffroy de Celles, sénéchal de Poitou et de
Guienne. D'après cette transaction jurée sur les évan-
giles et les reliques de saint Mommolin, les seigneurs
de Lesparre s'obligent à ne pas construire de four à
Soulac, en concurrence avec celui du monastère, et
à laisser les hommes de l'église prendre du bois dans
la forêt de Lesparre. En retour de ces concessions, le

monastère s'obligea à payer auxdits seigneurs *vingt-quatre lapins* de dîme par an et autres devoirs. (Invent. de Lesparre. — Cartul. de Sainte-Croix, aux Arch. de la Gironde.)

III.

Cénebrun ii, fils d'Ayquem – Guilhem ii, reçoit en 1225 l'hommage de Pierre de Bordeaux pour le fief de Mayan, en Médoc. Il est cité dans l'enquête de 1236, relative aux excès commis par les officiers royaux dans l'Entre-deux-Mers. En 1238 il donne à l'hospice de Grayan, en Médoc, la justice de cette paroisse. (Baurein, t. i, p. 216. — Invent. de Lesparre.)

IV.

Ayquem-Guilhem iii et son fils *Arnaud-Ayquem* fondent en 1239 le couvent de Saint-François à Lesparre. Ils attribuent à cette fondation deux barriques de vin *claret*, deux barriques de froment, deux livres de viande à prendre (gratuitement) au marché, un jour par semaine, la moitié des amendes civiles et criminelles du juge de la ville; enfin la moitié du droit de *naufrage* dans tous les ports de la seigneurie. En 1244 Ayquem-Guilhem reçoit une lettre de félicitation du roi Henri iii, au sujet des services par lui rendus dans la Guienne à la couronne d'Angleterre. En 1254 il transige avec les *chevaliers de Lesparre* sur un différend relatif à l'usage des mesures de la sirie : il demeura convenu que les susdits *chevaliers* n'en pourraient employer d'autre que celle du seigneur. (Invent. de Lesparre; Baurein, t. I, p. 216.)

V.

Cénebrun III intervient deux fois, en 1262, dans les traités conclus au sujet du château du Sault entre le sénéchal de Gascogne et Garcie-Arnaud de Navailles. Il cautionne ce dernier pour 100 *marcs d'esterlings*. Le jour de la Nativité de saint Jean-Baptiste 1265, il affranchit de l'état de questalité ou de mainmorte les habitants de Lesparre, et leur octroie une charte de priviléges, sous la réserve qu'il ne leur sera point permis de se constituer en communauté, d'avoir un sceau, ni de former une commune. « *Ne feran entre edz establiment, ni feran saget, ni communia.* » Cénebrun épouse Agnès de Mirambeau à laquelle son père constitue une dot hypothéquée sur la terre de Cognac. Au mois de mars 1273, il fait hommage au roi d'Angleterre. L'an 1282 il dispose en faveur de Bernet, son second fils, de plusieurs agrières et de 100 livres de rente. La même année il donne à sa femme tout ce qu'il possédait dans Soulac. (Mss. de la bibl. roy. — Invent. de Lesparre.)

VI.

Ayquem-Guilhem IV succède à Cénebrun III vers l'an 1282. A cette époque il transige avec sa mère Agnès de Mirambeau relativement à ses droits dotaux; il était

marié dès l'année 1269 avec Rose de Bourg. En l'année 1286 il reçoit l'hommage de Rostaing Arrobert,
prévôt de la forêt de Lesparre. (Baurein, t. i, p. 320.
— Titres de la maison noble de Puypaulin, aux Archives de la Gironde.)

VII.

Ayquem-Guilhem v, fils d'Ayquem-Guilhem iv et de
Rose de Bourg, succède à son père vers l'an 1287, sous
la tutelle d'Arthaud de Mirambeau, beau-frère ou neveu
de Cénebrun. En 1291, à la diligence de son tuteur, il
obtient des officiers du Roi d'Angleterre la restitution
d'une baleine échouée sur les côtes de Médoc. En 1303
il épouse Marguerite, fille de Pons, vicomte de Castillon.
De 1305 à 1324 il figure dans un grand nombre d'actes
relatifs aux devoirs et aux priviléges des habitants de
ses domaines. Il y eut même à cet égard, en 1318, une
sentence arbitrale rendue par l'official de Bordeaux,
qui fit loi pour l'avenir, et que les habitants désignèrent depuis lors sous le titre de *la Carta* (Charte) *de
Lesparra*. En 1312 il fait un traité de partage, au sujet
de la terre du Breuil en Médoc, avec Bernard soldan
de Preyssac, mari d'une sœur de son père, et Arnaud
d'Espagne de Ramefort, coseigneurs avec lui de ladite
terre. (Invent. de Lesparre. — Rôles gascons, t. i, p. 29.
— Baurein, *loc. cit.*)

VIII.

Cénebrun iv succède à Ayquem-Guilhem v son

père, en 1324, sous la tutelle de Bernard de Lesparre son oncle. En 1330 Édouard lui accordait la haute et basse justice dans *la paderie* du Médoc, concession qui fut renouvelée en 1353. L'an 1340 le roi Édouard III l'autorisait à percevoir dans ses domaines un octroi ou péage pour les frais de clôture de la ville de Lesparre, d'où s'ensuivait le droit de guet et de garde accordé par le même prince, par une charte de l'année 1351, et contre lequel les bourgeois réclamèrent pendant près de trois siècles. Cénebrun suivit le comte de Derby dans l'heureuse expédition qui eut pour résultat la prise de Poitiers en 1346. Édouard renouvela en sa faveur, en 1353, la concession du droit de bris et de naufrage dont les seigneurs de Lesparre étaient déjà en possession, en lui abandonnant, est-il dit, *costam maris cum navibus fractis et aliis consuetudinibus ad Regem in costâ illâ pertinentibus.* Froissart nous apprend qu'il se trouvait à la bataille de Poitiers avec l'élite des chevaliers gascons.

Il paraîtrait, d'après les actes de Rymer et les rôles gascons, que Cénebrun eut plus d'un fils, puisqu'il est question dans ces compilations d'un *fils du seigneur de Lesparre,* nommé *Ayquem-Guilhem,* qui, à la bataille de Poitiers, avait été pris par *Ives de Kerembars,* écuyer breton. Celui-ci l'ayant relâché sur sa parole, et n'en pouvant obtenir ni réponse ni rançon, crut devoir s'adresser au roi d'Angleterre, lequel intima au sénéchal de Gascogne l'ordre de faire rendre justice à *Ives de Kerembars,* suivant le droit de la guerre, *juxtà legem armorum*. Cet Ayquem-Guilhem était-il un fils aîné de Cénebrun, qui mourut avant son père, ou était-ce un puîné de Florimont qui ne laissa pas de postérité? c'est ce que j'ignore ; mais il y aurait une troisième conjecture plus fondée peut-être que les deux précédentes, c'est que ce fils de Cénebrun n'était autre que le *bourc* (bâtard) *de Lesparre* dont Froissart parle en plus d'un endroit, pour les années postérieures à celle de la bataille de Poitiers. La vie aventureuse et désordonnée que ce bâtard paraît avoir menée expliquerait peut-être le peu d'empressement qu'il mit à tenir sa parole , ou les difficultés qu'il y rencontrait. Froissart nomme le Bourc de Lesparre parmi les chefs des compagnies d'aventuriers qui, une première fois en 1366, aidèrent Henri de Trastamare à détrôner D. Pedro. Il fit cette campagne avec l'assentiment du prince de Galles , et se hâta de revenir en Guienne lorsqu'il sut que ce prince avait promis son appui à D. Pedro, et qu'il s'agissait de détrôner celui pour lequel il venait de combattre.

Peut-être aussi les débats auxquels cette rançon donna lieu, et le mécontentement réciproque que purent en concevoir Cénebrun et le roi d'Angleterre, nous découvriraient-ils le motif de deux actes des années 1358 et 1359, par lesquels Édouard semblait retirer sa confiance ou sa faveur au sire de Lesparre. Le premier contient une révocation du droit de péage ou d'octroi dont j'ai parlé , et le second lui enlève la garde des trois châteaux de Lavardac, Feuguerolles et Cauderoue, mentionnés dans le testament de Jeanne de Périgord.

pour la donner à Bertrand de Montferrant. Quoi qu'il
en soit, ce sont là les deux derniers actes dans lesquels
Cénebrun est rappelé. Sa vie n'a pu se prolonger beaucoup au delà, car Florimont était en possession de la
seigneurie dès l'année 1362.

J'ai parlé au commencement de cette notice de l'erreur commise par le rédacteur de *l'Inventaire des titres de Lesparre,* au sujet du mariage de Cénebrun IV
et j'ai fait voir qu'il y avait impossibilité à ce que Cénebrun épousàt en 1331 une *sœur d'Archambaud de Grailly.*
A cette date, en effet, Pierre de Grailly venait de se
marier en secondes noces (en 1327) avec Ayremburge
de Périgord, sœur de Jeanne, qui lui donna précisé-
ment Archambaud; de sorte que Cénebrun et Pierre de
Grailly étaient beaux-frères par alliance. Il est évident
que si la femme de Cénebrun eût appartenu à la maison
de Grailly, dont aucun membre d'âge viril ne portait en
1331 le nom d'*Archambaud,* on l'eût désignée par la
qualification de *fille de Pierre,* et non de sœur d'Archambaud. Cette dernière désignation de *sœur* indique de
toute nécessité que son père était mort lorsqu'elle se
maria, tandis que nous savons que Pierre de Grailly,
dont elle aurait été fille, ne mourut que vers l'année
1356. Or, ces circonstances s'appliquent parfaitement à
Jeanne de Périgord, qui, à la date de 1331, ne pouvait être qualifiée que de *sœur d'Archambaud,* puisque
son père était mort dès l'année 1315, époque où Brunisende de Foix resta tutrice de ses enfants. Il y a,
d'ailleurs, un document qui ôte toute difficulté, c'est

un hommage du seigneur de Calons, qui, en parlant de Florimont, porte textuellement : *Dona Na Johanna de Peyreguort, sa mayre, qui fò.* Cela n'a pas empêché tous les auteurs de généalogies et de nobiliaires d'être induits en erreur par la mention erronée de l'*Inventaire*, auquel ils s'en sont rapportés les uns après les autres. (Invent. de Lesparre. — Rôles gascons, t. ɪ, p. 73, 101, 127. — Rymer, t. ɪɪɪ, part. ɪ, p. 143. — Baurein, *loc. cit.* Froissart, l. ɪ, part. ɪɪ, c. 35, *éd. Buchon.)*

Ce sont là les faits que j'ai pu constater pour les temps antérieurs à Florimont. Il reste à voir ce que la baronnie de Lesparre devint après lui.

Par un singulier concours de circonstances, cette seigneurie éprouva le contre-coup de tous les mouvements politiques de la Guienne. Elle fut pendant près de deux siècles l'objet de contestations acharnées; et la succession de Florimont fournit une inépuisable matière de querelles et de procès.

Les héritiers directs ou substitués de Florimont devaient être, d'après son testament :

En premier lieu, Guilhem-Amanieu, sire de Madailhan, Rauzan, et Pujols, fils de sa sœur, et ses enfants après lui;

En second lieu, le seigneur de Preyssac, soudan de

la Trau, fils de Rose, sœur de son père Cénebrun, et conséquemment son cousin germain, et ses enfants mâles;

En troisième lieu, le seigneur de Curton et ses descendants mâles;

En quatrième lieu, Bernard de Lesparre, sire de la Barde et ses descendants mâles;

En cinquième et dernier lieu, son plus prochain lignager, au défaut des précédents.

Amanieu de Madailhan recueillit sans contestation l'héritage de son oncle. C'était d'ailleurs un seigneur distingué, fort considérable par son patrimoine, et qui fut maire de Bordeaux en 1404. Il avait épousé Jeanne d'Armagnac, fille du comte Jean III, et nièce de Bernard VII, l'implacable, mais malheureux adversaire des Bourguignons. En 1410 Amanieu fut envoyé en Angleterre, avec son cousin Bernard de la Barde, de la part de la commune de Bordeaux, pour réclamer de prompts secours contre les courses des Français. Dans la guerre que le comte d'Armagnac déclara, en 1413, à Jean de Grailly, comte de Foix, gouverneur du Languedoc pour Charles VI, Amanieu de Madailhan ne put se dispenser de servir sous la bannière de l'oncle de sa femme (Baurein dit, à tort, de son *frère*), et il eut le malheur d'être fait prisonnier en 1414. La municipalité bordelaise et les barons de Guienne lui donnèrent alors

un témoignage éclatant d'estime, en s'engageant solidairement à avancer la somme nécessaire pour sa rançon, fixée à 83,000 francs. La délibération prise à cet
égard existe dans les registres de l'hôtel de ville. Le
rachat d'Amanieu est motivé sur *los grans plasers que*
Mossen Delesparra et sous antecessors haven feit en tos
temps à la Ciutat ; et le corps de ville s'engage à payer,
sotz las conditions expressidas en la carta de Mossen
de Lesparra et de sous hostatges, et deus Barons de
Bordalès. (Registre des délibérations, année 1415,
f° 5.)

Amanieu de Madailhan que Baurein fait vivre sinon
jusqu'à l'année 1439, au moins bien au delà de l'année
1424, ne survécut pas même un an à sa libération pro-
visoire. Il était mort le 11 avril 1415, d'après une lettre du roi d'Angleterre insérée au même registre, et
relative au *débat par entre le sire de la Barde d'une*
part, et la fille de Guilhem-Amanieu, naguères sire de
Lesparre, d'autre part. Il paraît, en effet, que la succession d'Amanieu donna immédiatement lieu à des
discussions, parce qu'il n'avait laissé qu'une fille, et
que Bernard de la Barde réclamait la terre de Lesparre
en vertu de la substitution. Il faut observer, relativement aux réclamations de Bernard qui n'avait été appelé qu'en quatrième ligne, qu'à cette époque la maison de Preyssac de la Trau, appelée en second lieu, n'é-
tant également représentée que par deux filles, dont
l'une nommée Isabeau, avait épousé Bertrand de
Montferrant, tandis que l'autre nommée Jeanne ven-

dait ses droits à Gaston de Foix, tige de la maison de
Candale. Il en était de même de la maison de Curton
qui venait aussi de tomber en quenouille. La lettre
d'Henri v parlait ainsi de ce débat :

« Nous avons seu, par relacion créable, commant
Dama Johana d'Armanhac qui feut femme audit sire de
Lesparra, se propose à marier au sire de Lebret, et
veut marier sa susdite fille au fils de mesmes le sire
de Lebret; et si celles mariatges ne se peuvent, adon-
ques veut ladite dame soy marier au comte de Foys, et
sadite fille au frère d'iceluy comte; contre lesquieux mariatges, si ils fussent ainsy faits et accomplis, pourraient vraisemblablement estre en cause de la destruc-
cion de nostre cité de Bourdeaux et de grande partie
de notre païs de Guienne, que Dieu deffende. Et pour
obvier à la malice de ladite dame qui est fame subtile
et de grande puissance avecques nos adverssaires, et
pour esquiver les perilhs et domatges yrréparables que
pourraient legièrement advenir en ce cas, et aussi pour
mettre la besoinhe le plus tost a fin et conclusion, vo-
lons et vous mandons que vous..... approchez les testa-
ments si bien de Florimont comme de l'avant dit Guilhem Amanieu successivement sires de Lesparre, et
aussi tous les registres et evidences........ fetes saisir
mesmes ledit chastel, ville et baronnie, avec les appar-
tenances, et les tenir en nos mains jusques à ce que
soit coneu à qui ils doivent de droit appertenir, et qui
sera notre vray vassall, faisant à nous pour ce homatge
et foiaulté, sans souffrir.... lesdits mariatges ne nulh

de eux prendre effet ne conclusion….. Donné sous nostre privé seel à Wesm. le xıᵉ jour d'avril, l'an de nostre regne, tierces. » (Ibid., f° 65, *verso.*)

Une seconde lettre du même prince, du *darrain* jour de mai, est conçue de la manière suivante :

« A nos chers et bien amez foyaulx, le Mayre et Jurez de nostre cité de Bourdeaux.

» Chers et bien amez foyaulx nous vous saluons forment et pensons bien qu'il est venue à voustre notitie coment sur le matière ore pendante en parole et debat par entre le sire de la Barde, d'une part, et la fille de Guilhem Amanieu nadgaires sire de Lesparre qui mort est, de et sur la terre et droyt des ville, chastell et baronnie de Lesparre, nous donames ja tardes en mandement par letres de nostre prive seel à nos trés chers et bien amez foyaulx nos sénéchal de Guyenne, connestable de Bourdeaux, et à nostre Juge de Guascoingne, pour faire saisir et tenir et garder sauvement en nostre main les ville, chastell et baronnie susdites, et auxi pour faire et ourdener bons et convenables officiers de part nous en chascune couste de les baronnies susdites, qui pourront lever et culhir de tous les tenants et vassalls de ladite baronnie tous manières, yssues, esmoluments, rentes et prouffits de la susdite baronnie provenants, jusques à ce qu'il soit déterminé et coneu par la ley à qui doit ladite baronnie appartenir de droyt. Si vous prions chèrement que par

toutes les bonnes voyes que vous pourrés bonnement
estres, veuillés à nostre dit sénéchal et les autres de
nostre consselh estant illecques, assistants, aidants et
favorants *(sic)* en toutes leurs affaires de part nous
celle partie, si comme nous nous fions entièrement de
vous : entendants que pour celle cause vous nous fa-
ciez bien 'grant plaisir dont nous voulons vous savoir
principalement bon gré. Donné sous nostre privé seel
à Westmr le darrain jour de may (Ibid. , f° 84). »

On voit que la politique entrait pour le moins autant que la justice dans le souci que prenait Henri IV
de la sirie de Lesparre. Il lui importait d'empêcher
que ce vaste fief ne passât à des mains ennemies,
car c'était une des portes de la Guienne. Cependant
Jeanne d'Armagnac réclama justice contre la déposses-
sion dont elle était frappée, et elle fit signifier un acte
en réponse aux inhibitions faites à ses tenanciers de ne
la reconnoistre et lui païer ses droits. (Invent. de Lesparre, ann. 1415.) Aussi le roi prit-il la résolution
de réunir la terre au domaine de son duché, et, par
un acte du mois de juillet 1417, il autorisa William
Clifford, connétable de Bordeaux, à acheter tous les
droits de Jeanne d'Armagnac : *quod ipsa transferret*
in personam regis omne jus suum in villa, castro, ba-
ronia et castellania de Lesparre et de Lesparroys, ac
etiam in loco, dominio et potestate de Buelhe (Breuil),
de Carcans, de Roazan et de Pujols, Quancon et de Ba-
lizac. (Rôles gascons, 1417.) D'un autre côté, il se
faisait céder les droits de Bernard, et il le dédom--

mageait en ordonnant au sénéchal de Guienne de le mettre en possession du château de Madailhan (près Sauveterre) en sa qualité d'héritier d'Amanieu, *tan-quàm propinquiori de lineâ*, en lui confirmant l'inféodation de la sénéchaussée d'Agénois, et en annexant à sa terre de la Barde (en Agénois et non en Médoc, comme l'a cru Baurein) *parrochias de Boulhagues, de sancto Cornone, de sancta Lucia et de Roquepina.* Quant à la sirie de Lesparre, il en recevait les hommages dès la même année 1417 comme sire de Lesparre, et en confiait la garde, par lettres du 16 juin 1419, à Jean Ratcliffe, connétable de Bordeaux.

Ainsi la réunion était opérée, quoique Bertrand de Montferrant, mari d'Isabeau de la Trau, ne renonçât pas à ses prétentions. Mais Henri v et son successeur le firent taire aussi, en lui accordant de nouvelles grâces, entre autres la confiscation des biens de Bernard d'Albret, seigneur de Langoiran.

En 1420 Henri v donne à Jean Tiptost, sénéchal de Guienne et châtelain de Dax, le château de Lesparre pour son habitation, *pro morâ suâ et hospitio.* La même faveur est accordée l'année suivante à Jean Ratcliffe, mais, en 1425, Jean Tiptost paraît avoir été seul gratifié de cette faveur.

En 1433 le roi Henri vi investit de la châtellenie, mais non de la baronnie de Lesparre, un nommé Bernard Angevin qui, d'abord simple greffier de la cour

supérieure de Guienne, avait fait une fortune rapide.
Déjà il avait reçu les terres de Noailhan, de Salaunes,
de Rauzan, et de Pujols; l'année suivante il était nommé juge des causes criminelles à la cour souveraine
de Gascogne. Il devint en 1438 chancelier et garde du
grand scel du duché de Guyenne. Il semblait, dans
un moment où les défections se multipliaient dans les
rangs de la noblesse de la province et où les confiscations étaient journalières, avoir formé le projet d'ac-
cumuler sur sa tête toutes les terres et tous les titres
que la domination anglaise, déjà chancelante, ôtait et
distribuait au hasard dans ses impuissantes colères.

Ainsi la jouissance des droits de la sirie de Lesparre et de ses dépendances était morcelée par Henri
VI. Le duc de Glocester recevait en 1434, après la mort
de Bernard de la Barde, les châteaux de Cussac, Listrac, et Montignac, que Bernard avait tenus en parage
ou en arrière-fiefs, et dont le roi s'était saisi, comme
propriétaire du fief dominant. Glocester possédait déjà
les terres de Castillon, Lamarque, Mouton, Soussans,
Castelnau; je trouve même dans l'*Inventaire* de Lesparre un hommage qui lui est rendu en 1444 par Jean
du Fleix, en qualité de *sire de Lesparre*. Cet acte doit
faire supposer qu'il jouit un moment de l'entière seigneurie, ou du moins qu'il la partagea.

En effet, le nouveau lieutenant de Henri VI en Guienne, Jean, comte de Huntingdon et d'Ivry, fut pourvu
en 1438 du domaine et de la seigneurie de Lesparre,

en même temps que le roi en détachait la terre de Carcans, et la coutume du sel qui était perçue à Soulac,
pour gratifier Pierre de Montferrant devenu l'époux
d'une fille naturelle du duc de Bedfort, et qui se mon-
trait l'un des plus fidèles appuis de la domination anglaise. Cependant cette concession n'apaisa point Pierre
de Montferrant, qui en 1446 attaqua la donation et pré-
tendit être reconnu comme sire de Lesparre, du chef de
sa mère. Il en prit même le titre, que ses descendants
ne voulurent jamais quitter; mais ses poursuites furent
sans succès. Dans le dessein de rattacher les populations
à une cause à peu près perdue, le comte de Huntingdon,
par un acte du 14 décembre 1439, affranchit les habitants de la seigneurie de Lesparre de l'état de questalité ou de mainmorte. Quant au duc Humphrey de
Glocester après sa fin tragique arrivée en 1447, les
fiefs que ce prince possédait dans le Médoc furent
concédés à Jean de Foix, premier comte de Kandale.

Henri Holland, comte de Huntingdon et duc d'Exeter, fils de Jean, obtint la sirie en 1448, et cela en toute
propriété : *Rex concessit Henrico duci Exoniæ villam,
castrum, dominium, manerium et castellaniam de Lesparre et de Lesparrois.* En même temps il augmentait
les domaines de Pierre de Montferrant, en lui accordant le quart de la seigneurie du Breuil, la baronnie
de Marenne, et le péage d'Hastingues.

La seigneurie de Lesparre, que les Français pres-
saient par terre et par eau, ayant alors besoin d'être

défendue avec vigilance, la garde en fut confiée à Robert de Rokeley, précédemment prévôt de l'Entre-deux-Mers, soldat intrépide, qui sut s'y maintenir, même après l'expulsion des Anglais.

Cette expulsion ne tarda pas : la prise, ou plutôt la capitulation de Bordeaux, eut lieu, comme tout le monde sait, le 20 juin 1451, et il s'ensuivit un prodigieux bouleversement dans la situation des maisons nobles de la province.

D'un côté Charles VII avait promis d'avance, à ses favoris, toutes les confiscations qui seraient effectuées sur les seigneurs de Guienne; d'un autre côté il s'était engagé, envers les seigneurs gascons qui se rallieraient à lui, à augmenter leurs domaines, au préjudice de ceux qui résisteraient. La sirie de Lesparre avait été promise à plus d'un prétendant, et le roi de France devait éprouver de la peine à se prononcer.

A la tête se trouvait Arnaud-Amanieu d'Albret, comte d'Orval, qui ayant tourné Bordeaux par les Landes, vers la fin de l'année précédente, s'était jeté dans le Médoc, et le jour de la Toussaint y avait gagné une bataille sur le maire et les bourgeois de Bordeaux, lesquels, entraînés par une terreur panique, laissèrent entre ses mains tout juste autant de prisonniers qu'il comptait de soldats dans sa troupe. Il y avait ensuite Gaston de Foix qui, par un traité secret avec le roi de France, s'était fait adjuger toutes les terres du Bordelais. Après la reddition de Bordeaux, nous voyons cinq seigneurs prendre la qualité de sire de Lesparre :

1° Amanieu d'Albret, comme donataire investi par Charles VII ;

2° Gaston de Foix , comme cessionnaire de Jeanne de Preyssac ;

3° Dunois , comme acquéreur des terres et droits de Gaston, par acte de 1451 ;

4° Olivier de Coëtivy, sénéchal de Guienne, comme ayant eu la promesse du roi ;

5° Pierre de Montferrant, aux droits de sa mère Isabeau de Preyssac.

Il fallait que la confusion des titres fût bien grande, puisque de l'année 1450 à l'année 1453 je trouve des aveux et dénombrements rendus à chacun de ces seigneurs.

Et ce n'étaient pas les seuls prétendants : Bernard de la Barde avait bien vendu ses droits à Henri v, comme je l'ai dit plus haut ; mais, après la conquête de la Guienne, ses neveux, de la maison de Gontaut-Biron, auxquels il avait transmis sa succession, prétendirent que la vente était nulle, et que la sirie de Lesparre leur revenait. Ils se croyaient d'autant plus de titres à la préférence que leur sincère attachement à la France avait été pour eux la cause de beaucoup de pertes; aussi Gaston de Gontaut en appela-t-il plus tard, mais sans succès, à la justice des tribunaux.

Ce qu'il y a de remarquable, c'est qu'au milieu de ce conflit de prétentions l'étendard anglais flottait toujours sur les tours du château de Lesparre que le capitaine Rokeley occupait, sans se troubler le moins du monde, au nom du duc d'Exeter. (Mss. 9906 de la bibl. roy.)

Il le perdit cependant en 1452, et il le perdit par suite de la rentrée des Anglais dans le Bordelais, quand ils y revinrent avec Talbot et guidés par Pierre de Montferrant. Pierre profita de cette occasion pour escalader de nuit le château, en traversant les fossés à *l'aide de poinçons ou futailles vides.* (Mss. de la bibl. roy.) Malheureusement pour lui la défaite de Castillon (17 juillet 1453) ayant mis fin à la réaction momentanée du parti anglais dans la Guienne, il fut de nouveau obligé de fuir; et comme il essayait de rentrer en France l'année suivante, il fut pris et exécuté à Poitiers.

Dans cet intervalle, Olivier de Coëtivy était mort sans héritier mâle, Gaston de Foix s'était volontairement expatrié, Dunois avait transigé; c'est-à-dire que de tous les prétendants il n'en restait plus qu'un seul.

Amanieu d'Albret, pourvu de lettres patentes de

Charles VII, qui sont désignées dans les terriers sous le nom de *pancarte de Lesparre*, fut alors reconnu comme légitime propriétaire, et il posséda, de la châtellenie, tout ce qui n'en avait pas été distrait par les doñations antérieures. Dès l'année 1453 il avait rendu au roi ses hommages et dénombrements pour la sirie. (Invent. de Lesparre.)

En 1460 il transigeait avec Gaston de Gontaut sur les prétentions de celui-ci.

En 1463 ses enfants Gabriel, Jean, et Françoise, étaient sous la tutelle de leur mère, dame Isabeau de la Tour, qui obtenait du roi des lettres de délai pour rendre hommage de la seigneurie.

Des trois enfants d'Amanieu, qui possédèrent la seigneurie par indivis, Gabriel mourut le premier et sans postérité vers l'an 1490; Françoise était mariée à Jean de Bourgogne, comte de Nevers, et Jean avait épousé Charlotte de Rethel, fille de ce même comte de Nevers, mais d'un premier lit. En 1492, à la mort de Jean de Bourgogne, qui n'avait pas laissé d'enfant mâle, Charlotte et son mari prirent le titre de sieur et dame de Nivernais, jusqu'à ce qu'ils eussent transigé avec Engilbert de Clèves, neveu et héritier direct de Jean de Bourgogne, et cela au moyen d'une alliance entre leur fille aînée Marie d'Albret de Nevers, et Charles de Clèves, fils d'Engilbert.

Jean d'Albret-Orval-Rethel, le dernier des trois

enfants d'Amanieu, qui eût été propriétaire de la sirie, mourut en 1524, ne laissant que deux filles, Marie, dont je viens de parler, et Charlotte, mariée au
fameux Lautrec, Odet de Foix. Celle-ci fit passer par
ce mariage la terre de Lesparre dans la maison de Foix,
et elle la transmit à ses quatre enfants, dont deux, Gaston et François, moururent en bas âge; les deux autres étaient Henri de Foix et une fille, Claude, qui
épousa Guy de Laval, dont elle n'eut point d'enfants.

Henri de Foix, encore enfant lorsque son père mourut au siége de Naples, resta sous la tutelle de sa grand'-
tante Magdeleine d'Aydie, sœur de son aïeule pater-
nelle Jeanne d'Aydie. Elle le qualifiait, dans les actes
qu'elle passait en son nom, de Henri de Foix, comte
de Comminges et de Rethel, vicomte de Lautrec et de
Fronsac, seigneur et baron de Lescun, de Barbazan,
et Lesparre. Il mourut sans avoir été marié en 1540,
et ce fut sa sœur Claude qui hérita de la sirie.

Celle-ci en jouit treize ans, d'abord avec Guy de
Laval, puis avec son second mari Charles de Luxem-
bourg.

A l'époque de son décès, en 1553, la terre de Lesparre révint, soit par droit de succession, soit d'après
les clauses du testament de Henri, aux héritiers de
Marie d'Albret, femme de Charles de Clèves, et sœur
de Charlotte, mère des derniers propriétaires. Marie
ne vivait plus depuis l'année 1549, et ce fut son fils

François I de Clèves qui posséda Lesparre jusqu'en 1562.

François de Clèves, duc de Nevers et de Rethel, laissa trois enfants, qui jouirent successivement de la seigneurie, savoir : François II, qui mourut sans enfants un an après son père; Jacques, qui périt également sans héritier, un an après son frère; enfin Henriette, mariée à Louis de Gonzague, fils de Frédéric I, duc de Mantoue. Ceux-ci possédèrent la sirie pendant vingt-neuf ans, de 1564 à 1593, et ils y firent du bien, quoiqu'ils paraissent ne l'avoir jamais habitée. Les tenanciers de Lesparre eurent part à la fondation que ces seigneurs instituèrent dans leurs terres, pour le mariage de soixante jeunes filles, qui étaient chaque année établies et dotées à leurs frais.

Cependant ils eurent, comme je l'ai dit plus haut, des contestations à essuyer relativement à la propriété de la terre, et cela de la part du maréchal de Matignon, gouverneur de la province, qui avait acquis, de seconde main, les droits périmés des Montferrant, ainsi que les terres anciennement dépendantes de la sirie, que cette famille avait possédées. La terre de Lesparre conférait le titre de premier baron de la Guienne, et le privilége de prendre la première place aux états de la province. C'est à cause de ces prérogatives que les jurats de Bordeaux, par suite d'une transaction, s'étaient fait substituer aux droits de la maison de Montferrant, droits qu'ils avaient rétrocédés au gouver-

neur. Henriette et Louis, qui cherchaient déjà à se dé-
faire de cette propriété, firent alors dresser un mémoire que je crois fermement être le manuscrit déposé à la bibliothèque royale sous le n° 9906, et qui
est désigné dans l'*Inventaire* à la date de 1592, sous
ce titre : *Enqueste des seigneurs et dame de Lesparre,
sur les droits, cens, rentes, devoirs, et possessions, des-
dits seigneurs et dame.* Ce procès fut terminé par l'acquisition que fit M. de Matignon*, de l'entière seigneurie en 1593, pour 62,000 *écus sol*, et 150 écus de rente
constituée.

Le nouveau propriétaire ne jouit de la baronnie que
quatre ans; il mourut d'apoplexie le 26 juillet 1597,
et son fils, le second maréchal de Matignon, qui possédait dans le nord de la France d'immenses propriétés, entre autres la sirie de Thorigny, première baronnie de Normandie, revendit Lesparre au duc d'É-
pernon le 29 septembre 1600 pour 210,000 livres.
Indépendamment du prix principal, il y avait des rentes constituées à servir, et que le duc racheta plus tard,
comme il racheta aussi les greffes civil et criminel qui
avaient été aliénés pour la somme de 6,000 livres.

Dans les lettres patentes données en faveur d'Amanieu d'Albret, Charles vii disait, d'après le Mss. de la
bibliothèque royale : « *La terre de Lesparre estre la première, plus grande et plus ancienne baronnie de Guienne* ». L'état que ce Mss. en donne débute par la des-
cription suivante :

« *Sur le bord de l'Océan, commençant au pas de Grave au nord, et jusqu'aux terre et baronnie d'Audenge et Lacanau, ce qui fait onze grandes lieues de côtes, en quoi, de front de ladite mer, il y a huit grandes lieues. Et de là, passant près de Brach, Benon, Maderac, tirant vers Vallac, demeurant à main droite, vers Saint-Laurent, puis Saint-Vincent, ce qui fait dix grandes lieues. De Saint-Vincent, longeant la rivière, jusqu'à Soulac et le Verdon ou Pas de Grave, onze grandes lieues. Le tout sur le bord de la Gironde, limitée par les seigneuries de Lamarque et Mouton, sauf Castillon, Genelos et Soulac, confronté de quatre croix, bordé au midi par Castelnau et Saint-Laurent.* »

La sirie de Lesparre formait en conséquence un trapèze de quarante lieues environ de périmètre.

Dans cette étendue, le Mss. désigne *trente-trois belles paroisses* divisées en cent soixante villages ou hameaux; l'*Inventaire* n'en porte que vingt-neuf, y compris Soulac. La ville de Lesparre, chef-lieu de la sirie, indépendamment des droits et honneurs dus au seigneur, renfermait cent soixante-dix-sept feux taillables au roi.

Les produits de la seigneurie étaient désignés d'une manière générale sous les noms d'*agrières, cens, tailles et questes.* Les revenus en nature étaient évalués, pour l'année 1581, à 7,822 livres, et consistaient en redevances de froment, seigle, avoine, millet, etc. Il y avait aussi des redevances de miel, de cire, et de poissons, surtout de carpes et de brochets. Ces espèces étaient nombreuses dans les étangs du Médoc, particulièrement dans le grand étang de Cartignac, situé dans la paroisse de Sainte-Hélène, et qui, d'après la tradition, occupait l'emplacement d'une ancienne ville nommée *Luzerne*. Les paroisses voisines de la mer, comme Soulac et Lacanau, payaient la dîme du sel qu'elles recueillaient. Une trentaine de villages étaient imposés à *un pain de cens annuel pour les chiens du seigneur.*

Les redevances en poules et agneaux constituaient les droits de *galinage* et *moutonnage;* celui de *lainage* se percevait à la tonte des troupeaux. Le droit de *boucherie* consistait dans une certaine quantité de viande que le seigneur prenait gratuitement sur les étaux des bouchers. D'autres droits étaient encore levés en matières brutes ou confectionnées sur les artisans, tels que potiers, tisserands, etc., qui devaient une certaine portion du produit de leur main-d'œuvre. Les taverniers payaient un droit équivalent à celui de vente ou de débit. Le *paduentage* était un droit sur les pâtures et parcours; le *fromentage* et le *civadage* un droit général que les habitants acquittaient en blé et avoine.

Les revenus en argent consistaient dans des perceptions d'une autre nature : et d'abord les droits de justice, qui rapportaient au seigneur une part dans toutes les condamnations pécuniaires, sans compter le produit des greffes civil et criminel, qui était aussi donné en fief, ou à bail, à des soumissionnaires; puis les droits de banalités attachés à ceux de justice, pour les fours, les pressoirs, les moulins, etc. Le seigneur n'avait pas moins de cinquante-neuf moulins à vent dans sa directe. Ensuite le droit de *travaige*, nommé ailleurs *fenestrage*, qui était perçu à raison des fenêtres ou *trapes* dont les maisons des tenanciers étaient percées; le droit de *foire*, exigé de tous les marchands soit forains, soit habitants, les jours où les foires avaient lieu; le droit de *guet et de garde*, ordinairement commué en une redevance fixe, de même que le droit de *manœuvre*, ou les prestations de travail réservées au seigneur. Venaient ensuite les *cens* et *agrières* proprement dits, et payables en deniers, liards, livres, francs, ou marcs d'argent, suivant les clauses des diverses inféodations, depuis le lopin de terre cultivé par les serfs jusqu'au château fort occupé par une noble famille.

Le Mss. de Paris donne le produit de tous ces revenus, paroisse par paroisse, village par village, et presque feu par feu. Les cens et rentes devaient être portés à la *Table* ou *Maison d'Ayran*, située à proximité du château, et où se tenaient les fermiers et receveurs de la sirie.

Le droit de chasse était exclusivement réservé au seigneur, qui l'aliénait quelquefois, moyennant indemnité. Je trouve dans un hommage rendu en 1328 à Cénebrun IV, par Emery de Bourg, que ce dernier reconnaissait lui devoir *pour le droit de chauffage et de chasse qu'il a en la forest de Lesparre, deux sols d'exporle, plus le premier quartier de sanglier, cerf, ou chevreuil, masle ou femelle, qu'il prendra dans ladicte forest.*

Parmi les officiers de la seigneurie, dont le Mss. de Paris donne la liste, il faut mettre en première ligne les prévôts chargés des attributions judiciaires. J'ai trouvé quelques hommages qui les concernent.

« Deux hommages à la suite l'un de l'autre, rendus au seigneur Cénebrun, de la prévosté de la Forest, en Médoc, au devoir de dix sols d'exporle chacun. »(Inv. de Lesparre, année 1324.)

« Copie d'hommage de la prévosté de Talays, et droits dépendants d'icelle, rendu par Pey Clavet, à messire Cénebrun, au devoir de douze deniers d'exporle. »(*Ibid.,* année 1328.)

« Hommage d'Amanieu de Saint-Aon au dit seigneur Florimont, de la prévosté de la Captalie, au devoir de cinq sols d'exporle, à seigneur muant. »(*Ibid.,* année 1374.)

« Hommage de Guilhem de Bourg à messire Cénebrun, seigneur de Lesparre, de la prévosté de Montblanc, au devoir de cinq sols d'exporle, *et du unzain de la chasse des lapins, de la cuisse de tous cerfs, et de la teste, pieds, et muffles des sangliers qu'il prendra dans la forest,* etc......»(*Ibid.,* année 1347.)

Les *chevaliers de Lesparre* formaient nécessairement
la première classe des tenanciers nobles de la sirie.

Il n'y a pas de doute que cette classe ne fût formée,
au moins en partie, des descendants, en ligne collaté-
rale, des anciens seigneurs. Voici ce que je trouve
dans l'*Inventaire*, à l'année 1254 : « Copie collationnée
d'une sentence arbitralle donnée entre messire Eyquem
Guillem, seigneur de Lesparre, d'une part, et les chevalliers dudit Lesparre, d'autre ; sur les mesures du
bled dudit lieu, par laquelle il a esté arresté que lesdits
chevalliers ne pourraient user d'autre mesure que de
celle dudit seigneur, à peine de soixante-cinq sols d'a-
mande contre les contrevenans. » A la date de 1361 on
y lit encore : « Transaction d'entre ledit seigneur (Cénebrun) et Pierre *Gombaud de Lesparre* sur les droits
de questalité et servitude par eux respectivement pré-
tendus sur les habitants de Bie, en Médoc. » En 1356
Cénebrun IV avait déjà fait avec « noble *Bernard de
Lesparre* une transaction par laquelle il quittait audit
Bernard la terre de Montignac, sauf et réservé le droit
de civadage, et l'hommage d'une paire d'esperons do-
rez. »

Le nom de *Lesparre*, qui dans les titres de cette
nature est si souvent joint à celui des feudataires, ne
laisse pas de doute sur l'origine de la plupart d'entre
eux ; et il n'est pas moins positif que pris collectivement,
ils représentaient les *pairs du fief*, c'est-à-dire les vassaux dont les terres mouvaient directement du fief

dominant, et qui, comme tels, devaient former dans le principe la cour de justice du seigneur. Ils correspondaient aux *sept pairs du comté de Champagne*, aux *pairs de Liége*, aux *pairs du comté de Ponthieu*, etc.

Ces chevaliers, et les autres feudataires nobles qui étaient tenus au service militaire, soit qu'ils servissent par eux-mêmes, soit qu'ils fournissent un *escuyer d'ost*, sont fréquemment désignés dans l'Inventaire. Nous voyons dans Rymer, qu'en 1381 Florimont avait fourni trente hommes d'armes au roi d'Angleterre. « Paie à M. Guilhem de Burgh, *lieutenant de* sire de le Spaire *pour xxx h. d'armes, ccccl.* francs. » Ces trente hommes d'armes avaient été employés au siége de Mortagne. Aucun des seigneurs de la Guienne, à l'exception d'Archambaud de Grailly, n'en avait envoyé un plus grand nombre pour cette expédition.

Il serait facile, au moyen de l'*Inventaire*, quelque tronqué qu'il soit, de présenter le tableau des fiefs de Lesparre, si le Mss. de Paris n'en contenait la désignation dans le plus grand détail. Cette énumération offrirait peu d'intérêt. Je préfère donner l'extrait de quelques hommages que j'ai notés chemin faisant.

Le Soldan de Preyssac, pour le château de Breuil, au devoir d'une lance, et autre y mentionnés.

Guiraud de Saint-Aon, pour la seigneurie d'Eyran, au devoir de quinze sols d'exporle, un escuyer d'ost, et cinq sols..

Le S. de Caupène pour ses fiefs de S. Laurent et de Listrac, au devoir de trente sols d'exporle, cinq sols d'ost et un chevalier.

Le S. de Rupsan, au devoir de cinq sols d'exporle, et de l'ost d'un escuyer et roussin.

Amanieu de Saint-Aorn, pour la seigneurie de Luc, au devoir d'une paire de gants blancs.

Amanieu d'Arsac, au devoir de cinq sols d'exporle, et du service de deux mois à cheval.

Guilhem Furt de Cassans, au devoir de cinq sols d'exporle, et de la deuxième partie d'un escuyer à cheval d'ost.

La dame Maynorse de Jauglar, au devoir de cent sols d'exporle, et d'un ost d'escuyer à cheval, et cinq sols.

Eble de Lilhan, au devoir de trente sols d'exporle et d'un escuyer à cheval d'ost.

Giraud de Saint-Genès, au devoir de cinq sols d'exporle, et de l'ost d'un escuyer, et d'un roussin.

B. de Cassans, au devoir d'une épée blanche, à muance de seigneur ou de vassal, et d'un escuyer.

Raymond de Cassanet, au devoir d'une lance à fer-blanc, à muance de seigneur ou de vassal.

La dame de Podenssac, pour ses divers fiefs, savoir :

Pour Podenssac, dix-huit livres, un escuyer d'ost et cinq sols;

Pour Beleyron, une lance peinte, et trois jours de mésade par an;

Pour S. Sauveur, une paire de gants blancs.

Gaston de Tastes de la Lande, pour divers fiefs, aux devoirs, 1° d'un esprevier prêt à voler en la saison; 2° d'une lance blanche à fer doré; 3° d'une lance de fresne à fer doré, et d'un escuyer d'ost. .

Jean de Lamotte, au devoir d'une paire de gants blancs.

Laurent Duprat, pour le fief noble de Bégadan, au devoir d'un fer de lance doré.

Guilhem de Bordeaux, S. de Livran, au devoir d'une lance blanche de fresne à fer doré, et d'un escuyer.

Gassion de Lamarque, au devoir de deux cents sols d'exporle et un escuyer.

Foulques de Casens, au devoir de quinze sols d'exporle, un escuyer et cinq sols.

Raymond-Ayquem et Guilhem de Podenssac, pour leurs

fiefs de S. Seurin de Cadourne, Emplèges, etc., aux de-
voirs de cinq sols d'exporte, quatre francs de mésade,
et un escuyer d'ost à cheval.

Je ferai observer, relativement à la forme de ces
hommages, 1° que *l'exporle* était le cens ou la redevance en argent, payable à muance de seigneur ou de
vassal, suivant les conditions; 2° que les cinq sols *d'ost*
dont il est quelquefois question étaient donnés à l'écuyer
par le feudataire qui l'armait, pour suffire à ses premières dépenses : une fois qu'ils étaient épuisés, l'entretien de l'écuyer tombait à la charge du seigneur; 3°
que les *mésades* étaient dans le principe un séjour *d'un*
ou de *deux mois* par an que chaque tenancier était
obligé de faire sur son fief afin d'en surveiller l'amé-
nagement et d'être prêt à rendre ses devoirs au seigneur. Cette obligation se racheta dans la suite par une
évaluation ou un abonnement en argent.

La dernière mutation de propriétaire que subit la
seigneurie de Lesparre eut lieu par autorité de justice.
Le duc d'Épernon (Bernard de Lavallette) étant mort
sans héritiers directs et ayant laissé beaucoup de dettes,
un arrêt du Conseil du 20 septembre 1668 ordonna la
mise en vente des domaines qui dépendaient de son
hérédité, et notamment de la terre de Lesparre. Le 27
avril 1672, par le ministère de MM. Simonet et Des-
priez, notaires à Paris, cette terre fut adjugée, moyennant la somme de 422,500 livres, au duc de Grammont,
pair et maréchal de France.

Le château de Lesparre, appelé au moyen âge l'*Hon-neur* de Lesparre, d'après une locution employée en Angleterre, et delà les Pyrénées, a presque entière-ment disparu. Des sept tours dont il était flanqué au-trefois il n'en reste plus qu'une, qui a été préservée de la destruction par le patriotisme et la généreuse in-tervention des habitants : c'était la *grosse tour carrée, l'une des belles de Guyenne*, suivant le Mss. de la bi-bliothèque royale.

Les seigneurs de Lesparre avaient un hôtel à Bor-deaux, mais cet hôtel n'était point situé, comme Bau-rein l'a dit, et comme on le croit généralement, dans la rue du *Fort-Lesparre.* Ces seigneurs n'eurent jamais de *fort* dans la ville, et il n'y eut jamais, au moyen âge, de rue appelée du *Fort-Lesparre,* mais bien une connue sous le nom du *Far-Lesparre,* ce qui est très-différent. Elle devait ce nom, sans aucun doute, aux entrepôts des *froments du Médoc* qui y étaient placés, et elle se trouvait en effet à proximité de celle qui, aujourd'hui encore, est nommée rue du *Chai des Fari-nes.* Le terme de *Far,* de *Har,* ou de *Hâ,* n'a jamais eu d'autre signification que celle de blé ou de *farine,* mal-gré les singulières étymologies qui ont été inventées à cet égard. Quant à la situation de l'hôtel, je trouve dans un titre de l'an 1488 la mention d'une maison *communément appelée la maison de Lesparre, située dans Bordeaux, rue Bouhaut, près le Jardin des Carmes, et confrontant au jardin de l'hôpital Saint-Jâmes,* laquelle était donnée à bail par Gabriel d'Albret. C'était là, sans aucun doute, l'hôtel de Lesparre, et il ne faut pas le chercher ailleurs. (Invent. des titres de Puy-Paulin, fol. 40, *verso.*)

Je ne terminerai pas ce précis sans offrir à MM. Gras, archiviste du département, et Detcheverry, archiviste de la ville, les remercîments que je leur dois pour le concours qu'ils ont bien voulu me prêter. Tout le monde sait à Bordeaux avec quel zèle et quelle intelligence M. Gras a procédé et procède encore au classement des archives départementales qui présentaient une si déplorable confusion avant qu'il eût été appelé à y rétablir l'ordre et à y rendre les recherches possibles.

NOTES

ET

ÉCLAIRCISSEMENTS.

(1). — L'abbé Baurein ne se proposait pas de faire une biographie de Florimont, et les détails qu'il a donnés sur lui se bornent à la mention de sa captivité en Espagne et de sa contestation avec le captal de Buch. Quelque estime que nous devions avoir pour ce laborieux compilateur, il ne faut cependant lire ses recherches qu'avec précaution, à cause des inadvertances qui lui échappent. Dans sa notice sur les seigneurs de Lesparre, il dit, par exemple, que Rose de Bourg, mère d'Ayquem-Guilhem v, testa en faveur de son fils au mois de juin 1326; et deux lignes plus bas, il nous avertit que cet Ayquem était mort *dès le mois de février* 1324. (T. 1, p. 220.) Baurein avait du zèle, mais il manquait essentiellement d'instruction et de critique.

(2). — L'état des *serfs questaux* a été l'objet de trop de recherches et de commentaires pour que cette question ait besoin d'être traitée ici. Je rappellerai seulement qu'un arrêt du parlement de Toulouse jugea, en 1558, que les seigneurs dont les serfs auraient pris la fuite n'avaient pas le droit de les ramener sur leur terre *avec un chevestre*, c'est-à-dire avec un *licol.* (Bodin, Rép. L. 1, c. 5.)

(3). — Les évêques de Cahors, Périgueux, etc., avaient le

privilége d'être introduits de la même manière et aux mêmes conditions dans leur ville épiscopale par l'un des barons de la province. Baurein nous a conservé un fragment d'un acte qui constate que la dame de Lesparre jouissait de ce privilége. C'est une réclamation de Gombaud de Lesparre, seigneur de Calons, qui, en l'année 1362, exigea que son droit fût reconnu par Florimont. « So es assabor que quant lo senhor de Lesparra pren sa molher, lo jorn que la dona entro à Lesparra, lo deit Mossen Gombaut, o qui que sia senhor de Calous, o sos hers, la deü menar par la villa... et après, la deü debarar, et lo palafré et l'arnès es soun. » Gombaut donnait pour preuve ce qui s'était passé à l'entrée de la mère de Florimont : « En Gombaut de Lesparra, donzet, payre deü deit Mossen Gombaut, agut de Madona Na Joanna de Peyreguort, dona de Lesparra, sa mayre, qui fò, quant era vengut à Lesparra prumeyrament, lo palafré et la sera que era cavaugua lo jorn que entret à Lesparra; et la rauba et l'arnès que era portava lo jorn quant entret à Lesparra prumeyrament. Et asso era contengut en carta, aysi cum lou noble baron Mossen Cenebrun, senhor de Lesparra, payre qui fò deü deit Mossen Florimont, ac avé deit et vist. » (Baurein, t. I, p. 222.)

(4). — Le mariage d'Agnès de Périgord avec Jean d'Anjou-Sicile, comte de Gravina, duc de Duras, et prince d'Achaie, fut conclu à Vauvert, près de Nîmes, le 14 novembre 1321. La mère et le frère de la nouvelle épouse lui constituèrent en dot une somme de 35,000 florins d'or qui devait être payée en plusieurs termes, en bonne monnaie, au coin de Florence. Par un acte du 2 mai 1343, Agnès céda tous ses droits patrimoniaux, et même un reliquat de 22,000 florins qu'elle avait à réclamer pour le complément de sa dot à son frère, le cardinal Taleyrand. Charles de Duras, fils d'Agnès, épousa la princesse Marie, sœur puînée de la reine Jeanne,

et devint l'un des complices, ou du moins, des instigateurs
du meurtre d'André de Hongrie, qu'il devait bientôt ex-
pier. En 1348 Charles fut massacré à Aversa, par ordre de
Louis, dans la même galerie où André avait péri, et préci-
pité ensuite de la même fenêtre par laquelle le malheureux roi
avait été jeté après sa mort. Un historien rapporte que la
reine Jeanne tressant un jour un cordon de soie, André
s'approcha, et, se penchant sur son ouvrage, lui demanda ce
qu'elle faisait : « *Un cordon pour vous étrangler* », répondit en souriant la belle et criminelle femme. Elle disait vrai,
le meurtre fut consommé la même nuit. (Invent. de Lesparre.
— Baurein, t. i. *loco cit.* — Baluz. *Vitæ P. P.* Aven. t. ii,
p. 297 — 425.)

(5). — La tante du cardinal Taleyrand se nommait
Jeanne, et était veuve d'un seigneur de la maison de Pins
nommé dans une lettre de Philippe de Valois *Saussanerii de
Pinibus*, suivant Baluze. On le trouve désigné dans Rymer
de la manière suivante, à l'année 1329 : *Amsdauxus de Pinibus, dominus de Moncraben* (Moncrabeau). — Quel que
fût le prénom de son mari, Jeanne de Périgord avait institué
Taleyrand son héritier universel, à condition que ses biens ne
seraient point détachés de la domination anglaise : « *Cùm Johanna... voluisset et præcepisset quod quamdiù guerra
inter nos et adversarium nostrum Franciæ duraret, loca
et gentes de Lanerdaco, Fengaroliis et Candarone, quæ
fuerunt prædictæ Johannæ, sint et remaneant de obedien-
tiâ nostrâ...* » En 1345 Edouard les mit en séquestre dans
les mains de Cénebrun, en attendant que le cardinal eût
justifié de ses droits; mais en 1359 il les lui abandonna,
sous la réserve de l'hommage, en y plaçant toutefois pour
gouverneur Bertrand de Montferrant au lieu de Cénebrun.
Les historiens italiens sont unanimes pour accuser Taleyrand
d'avoir été l'un des auteurs de l'assassinat du roi André; il

aurait voulu, disent-ils, que Jeanne n'eût point d'enfants,
afin que le royaume revînt à la duchesse de Duras, sa nièce,
héritière de Jeanne. Il se peut que les préjugés nationaux
aient été pour quelque chose dans cette rancune contre un
homme, qui, ayant pris un grand ascendant sur les affaires d'Italie, s'y était fait beaucoup d'ennemis, en même temps
que beaucoup de partisans. Pétrarque exalte, dans sa correspondance, les vertus et les admirables talents de ce cardinal, qui
l'avait protégé et honoré sur sa seule réputation, *famæ solius
testimonium secutus.* Taleyrand avait été promu au cardinalat
en 1331, à l'âge de trente ans, par Jean XXII. Depuis ce moment il ne cessa pas d'être chargé des affaires les plus importantes, et il décida particulièrement les élections de Benoît XII,
Clément VI, et Urbain V. Il mourut en 1364, au moment de
partir pour la croisade qu'il devait diriger en qualité de légat.
(Rymer, t. II, part. II, p. 171; t. III, part. I, p. 179, *in fine.* —
Baluz. *Vitæ P. P. Aven.,* t. I, p. 781 *et seq.* —Froissart, t. I,
c. CLI, éd. Buchon.)

(6).—Voyez Froissart, t. I, p. 342. Je trouve dans Rymer,
au nombre des gardiens de la trêve, de la part du roi d'Angleterre, le nom d'un chef d'aventuriers dont la célébrité date de
ce moment, je veux dire le fameux archiprêtre *Arnaud de
Servole.* Faute d'avoir lu Rymer, tous ceux qui se sont occupés
d'Arnaud de Servole, depuis Baluze jusqu'à M. de Sismondi, ont
défiguré son titre et se sont livrés à des hypothèses gratuites sur
son origine. Ils le font archiprêtre de *Vernia* ou de *Verniis,*
tandis que Rymer porte très-correctement, et cela en plus d'un
endroit, *Monsieur Arnaud de Servole, archiprestre de Ve-
lines.* Or, Vélines est un chef-lieu de canton de la Dordogne,
très-voisin de Castillon, d'où Arnaud était originaire, et qui
faisait partie de l'ancien Périgord. Il ne peut donc y avoir de
doute sur la patrie ni le titre clérical de ce célèbre condottier.
Je livre cette observation à ceux de MM. les rédacteurs de la

Bibliothèque de l'École des chartes, qui ont commencé avec tant de talent et de succès la biographie des chefs des grandes compagnies. (Rymer, t. III, part. I, p. 135. — Baluze, t. I, p. 946-989. — Sismondi, t. x, p. 5.)

(7). — « Monseigneur Florimont de Lesparre, baron, fait hommage lige au roi d'Angleterre, en la cité d'Agen, le 26 février 1363. » (Mss. de la Bibl. roy. collect. Colbert.)

Dans les archives de Chapter-House, à Londres, on trouve la mention de l'hommage rendu par Florimont, *le 26 décembre* 1363, au prince Noir, en présence de Thomas de Beauchamp, comte de Warwick, et de Jean Chandos, vicomte de S. Sauveur, commissaires du Roi.

(8) « Affranchissement de questalité fait par messire Florimont de Lesparre, chevalier, seigneur de Lesparre, en faveur des habitants des paroisses de *Loyrac, de la Fontane, de l'Isle-Golée, Dignac, de Jau, de Saint-Germain, et Verteuil*, en Médoc, à condition de païer pour chaque feu vif trois sols de cens, portable annuellement au vouloir dudit seigneur. » (Inventaire de Lesparre.)

(9). — Pour tout ce qui regarde la croisade voyez Froissart, t. I, c. CLXI.

(10). — « *Littera de absolutione plenariâ, etc. Dilecte in Christo filie nobili mulieri Margarete uxori dilecti filii nobilis viri Florimundi domini de Sparra, Burdigalensis diœcesis, etc.... Datum Avenionis 2ᵃ Idus martii, anno IVᵒ.* (Arch. du Vatican.) »

(11). — J'avais lu dans le XXᵉ vol. des *Mémoires de l'Académie des Inscriptions* l'analyse donnée par le comte de Caylus du poëme de Guillaume de Machaut, et j'attendais l'occasion de consulter l'ouvrage entier, à Paris, lorsque j'en ai dû la communication à l'amitié de M. Francisque Michel, qui en a fait une copie pour lui-même. Guillaume donne la liste des chevaliers qui prirent part à cette expédition, et il y en a un

certain nombre de la Gascogne et du Périgord. Je ne sais pour‑
quoi M. de Caylus a dit que Guillaume citait Florimont parmi
les *écuyers,* tandis que cet écrivain le classe au rang des che‑
valiers, et l'appelle constamment *le sire de Lesparre.* C'est
ce qui résulte d'ailleurs du fragment que je cite plus loin :

> La quarte galée conduit
> A grant joie et à grant déduit
> Un *chevalier* de grant renom
> Florimont de L'Esparre a nom.
>
> ....
> De *L'Esparre est sires clamez.*

M. de Caylus a commis d'autres erreurs plus importantes sur
les dates et sur les noms, mais il me suffira de les rectifier dans
mon récit.

Au nombre des chevaliers gascons, Guillaume nomme Ber‑
trand de Grailly, bâtard du vicomte de Bénauge :

> Là ot iij chevaliers estranges,
> Monsire Bertrand de Venanges *(lisez* Benauges *)*
> Qu'on tenoit pour bon chevalier,
> Cointe, apert, courtois et légier,
> Qui aime honneur et het (hait) débas ;
> Oncle du captal est de Bas *(lisez* de Buch. *)*

(12). — Le château de *Kourt,* dont Florimont opéra la déli‑
vrance, occupait l'emplacement de l'ancienne Corycus sur la côte
de la Cilicie orientale. On écrivait au moyen âge indifférem‑
ment *Kourt, Court,* ou *Gourg.*

(13). — Il s'agit ici de l'ouvrage intitulé : *Istorie de' Re
Lusignani, pubblicate da Henrico Giblet cavaliero. — Li‑
bri undeci. Venezia* M. DC. LI. L'auteur, qui descendait des
anciens rois de Chypre, se montre toujours partial en faveur de
Pierre Ier. Il désigne Florimont sous le nom, fort peu recon‑
naissable, de il *Signor delle Sbarse,* et lui donne tous les torts
possibles.

(14). — Giblet, parlant de l'altercation de Monstry avec
Florimont et Rochefort, s'exprime ainsi : « *Si ritrovava all'*

hora in Rhodi il signor da Roccaforte e quello delle Sbar-
se, cavalieri, che havendo nelle guerre contro Sarracini
meritati tutti gli applausi, e perciò divenuti superbi, con-
fidavano soverchiamente nel loro valore. Questi.... presero
un giorno occasione di mottegiare Giovanni Mustri, cava-
lier cipriotto. Haveva egli, al secondo assalto, reso ai Tur-
chi con honorate condizioni un piccolo castello ne' confini
dell' Armenia...... Venivano sicuramente all'armi, posto
più volte il Mustri la mano alla spada, senza la presenza
e l'autorità del Re........» A quelques jours de là, le Grand-
Maître de Rhodes ayant donné au roi un dîner auquel les adversaires furent conviés, et où l'on espérait qu'une réconcilia-
tion aurait lieu, le sire de Rochefort se permit de nouvelles
railleries qui non-seulement frappaient Monstry, mais portaient
jusque sur le roi, « *como quello che lo sofferisse.* » Pierre,
irrité, s'écrie alors que tous ceux qui ont mal parlé de son amiral en ont menti; et Rochefort, *con un riso composto di sde-*
gno, lui répond que la partie n'est pas égale, par cela seul qu'il
est roi, ce qui achève d'exaspérer le prince.

Il paraîtrait d'ailleurs que Florimont et Rochefort n'étaient
pas les seuls croisés qui eussent de l'inimitié ou de la répu-
gnance pour Monstry. J'en juge par quelques vers de Guillaume de Machaut, qui, racontant le départ de l'expédition pour
la *rescousse* du château de Kourt, a cru devoir mentionner
le refus que faisaient deux chevaliers, Jehan Pastez et Guy le
Baveuz, de marcher sous les ordres de l'amiral :

> Ces ij au Roy firent dèpry
> Que Monsire Jehan Monstry
> Leur baillast pour leur souverain ;
> Mais ly bons roys, par saint Verain,
> Dist qu'il leur vouloit bien bailler
> Pour leur galée envitailler,
> Et que là serait leur compains,
> Et non mie leur Souverains.

Quant au sire de Rochefort, Guillaume le représente en plus d'un endroit comme un intrépide chevalier :

> Monsire Jehan de Rochefort,
> Qui est Breton et tire fort,
> A haulte honneur et soir et main.
> ....
> Et se combat bien et fort
> Monsire Jehan de Rochefort,
> Et y fu trés-bons chevaliers.
> ....
> Et rapportèrent Rochefort
> Qui estoit blécié si trés-fort,
> Qu'il ne se pouvoit soustenir,
> Ne sans aïde revenir.

Voyez Giblet, ouvrage cité, p. 391 *et seq.*

(15).—Après avoir rapporté la réponse dédaigneuse du sire de Rochefort, Giblet prête au Roi une fort belle réplique : « *Il Re..... superando se stesso, e levandosi la corona di testa, disse : Dunque solamente il titolo di Rè mi rende maggiore di voi altri ? indegnamente crederei d'esser tale, quando non vi superassi in tutte le cose.... Eccomi pronto per venire, non come Re di Cipro, ma come Pietro Lusignano, in ogni luogo dove sarò invitato.... e lascio di buona voglia il titolo di Re,* per non farvi tanto honore. »(Gib., *loco cit.*)

(16). — Il est évident que Guillaume de Machaut faisait commencer l'année à Pâques, de sorte que son année 1367 ne doit être pour nous que l'année 1366. Sans cette rectification, on ne comprendrait pas comment Florimont, qui était à Rhodes au mois d'août, a pu se trouver à la bataille de Najara ou de Navarrette, qui eut lieu le 5 avril, et être rendu à Rome vers l'automne; tout cela en l'année 1367.

(17). — Urbain v arriva en Italie au mois de mai 1367, et il n'entra dans Rome que le 16 octobre suivant. Pierre de Chypre paraît n'y être venu qu'au mois de mars 1368, mais son voyage était annoncé depuis longtemps, et même le Pontife comptait sur lui pour remplacer le célèbre cardinal Albornoz dans le gouvernement des états de l'Église, et rendre la paix à l'Italie, déchirée par la guerre civile et les condottieri. Pierre amenait avec lui son jeune fils, afin, dit Giblet, qu'il fût témoin de la valeur de son père, et qu'il apprît de lui à défendre courageusement son honneur. Le même auteur prétend qu'au premier bruit de l'arrivée du prince à Rome, le sire de Rochefort prit la fuite, *non tanto persuaso dal timore di battersi col Re, quanto reso dubbioso dell' animo del Pontefice*..... (Giblet, *ibid.*).

(18).— L'Inventaire de Lesparre porte, au chapitre des *Pièces communes*, cette mention laconique : *Titre de certaine citation faite à Rome, des seigneurs de Lesparre et d'Albret*, 1355. La date de la citation est évidemment inexacte : de 1305 à 1376, il n'y a qu'un seul pape, Urbain v, qui ait pu dater des citations de Rome. C'est donc au séjour d'Urbain dans cette ville qu'il faut rapporter cet acte, et alors, au lieu de 1355, il faut lire 1367. Quant au sire d'Albret, dont le nom s'y trouve joint à celui du sire de Lesparre, je ne crois pas me tromper en conjecturant qu'il s'agit du fameux chef de bande Bertuccas d'Albret, l'un de ceux qui avaient rançonné le pape à Avignon, et dont Urbain v voulait arrêter ou punir les déprédations.

(19). — Giblet s'attache à rendre Florimont aussi ridicule que possible : « *Il signor delle Sbarse, avvilito e dalla fuga del signor di Roccaforte e dal timore della vita, impetrato prima il perdono da S. Santità, s'umiliò una mattina publicamente a' piedi del Re, chiedendo perdono....* » Il ajoute qu'après avoir reçu satisfaction, *il Re prese la corona, e solennemente col seguito degl' ambasciatori, de' principi e baroni romani, baciò i piedi di S. Santità e ricevè le visite.* » Jusqu'alors, en effet, le prince avait gardé l'incognito et refusé tout honneur, ne voulant être que Pierre de Lusignan, c'est-à-dire un simple gentilhomme, tant qu'il n'aurait pas dégagé sa parole.

(20.) — Après le vin et le confit,
Savez-vous que li bons roys fit?
De toutes choses devisées
Faictes, dittes et répliquées,
A plus grant déclaration
De son honneur et pugnicion,
Il prist lettres de no Saint-Père,
Affin qu'à touzjours mais appère
Qu'il estoit purs et ignocens;
Et li autres avoit peu sens,
Et tort qui appellé l'avoit
De gage, chacun le savait.

(Guillaume de Machaut.)

Je ne dois pas omettre une circonstance importante relativement au séjour de Pierre de Chypre à Rome, c'est qu'il se trouva en concurrence avec Jeanne de Naples, pour la rose d'or que les papes ont coutume de donner tous les ans au prince qui a le mieux mérité de l'Église, et que Jeanne, la meurtrière de son mari, l'emporta, au grand scandale de la cour pontificale, sur un prince qui avait donné tant de gages à la foi chrétienne. On lit dans la vie d'Urbain v : « *Item eodem anno domina regina Johanna Siciliæ et Hierusalem venit Romam, et etiam rex Cypri, et filius suus, tempore quadragesimali. Et Dominus Papa erat Romæ. Deliberavit quod volebat tradere visum reginæ Siciliæ. Dominus noster Papa dedit ei rosam. Verum est quòd quidam cardinales murmuraverunt et dixerunt quòd malè factum est quod in præsentiâ regis Cypri et filii sui mulier reciperet rosam. Et Papa respondit statim : « Dimittatis ista verba quia etiam nunquàm fuit visum quòd Abbas Maxiliensis fuisset Papa. » Et tunc omnes cardinales tacuerunt et alii. »* Il paraîtrait, d'après ce récit, que tout ce qui choquait les cardinaux dans ce choix, c'était qu'une femme eût été préférée à un homme. (Baluze, *Vitæ P. P. Aven.*, t. 1, col. 381-408. — T. II, col. 770.)

(21). — Rymer, t. III, part. II, p. 171. Voyez dans Froissart, comment le château de Roussy fut pris par les compagnies qui en firent leur place d'armes. Le comte s'étant racheté avec sa femme et sa fille, pour 12,000 florins d'or, retombe quelque temps après dans les mains des aventuriers qui l'emmènent dans son propre château. Froissart ajoute : « Ces deux aventures eût-il en moins d'une année. » (Froissart, t. 1, c. xc.)

(22). — Il faut lire dans Froissart le chapitre intitulé : *Comment la cité de Limoges fut toute arse et détruite, et comment l'évêque dudit lieu fut délivré de mort à la prière du Pape.* (T. 1, c. cccxvii.)

Roger de Beaufort était frère du pape Grégoire XI, qui toutefois n'avait pas encore été élu au moment de la prise de Limoges. Dans une lettre au roi Édouard, le Pape intercède pour Roger, que le captal de Buch ne voulait délivrer à aucun prix, *quem contrà morem nobilium, maximè in ducatu Aquitaniæ, hucusque servatum, nec sub fide, nec cum ostagiis de redeundo ad eum, voluit de carcere liberare..... et pro redemptione ipsâ maximas petit pecunias, ad quas solvendas idem germanus noster penitùs est impotens.* Jean de la Roche était fils d'une sœur du même pape, nommée Delphine, et femme de Hugues de la Roche. Baluze a eu tort de rapporter sa captivité à l'année 1377, et surtout de désigner le sac de Limoges par l'expression vague *in quodam bello Aquitanico.*

Quant à Jean de Lignac, il eut sa revanche, à ce qu'il paraît, fort peu de temps après avoir été mis en liberté, car Froissart raconte comment, après la mort du captal, il fit lui-même prisonnier Thomas Felton pendant le siége de Bergerac. (Baluz. t. 1, col. 834 *et seq.* — Froissart, t. II, c. vi. — Rymer, t. III, part. II, p. 185. — Part. III, p. 59.)

(23). — Florimont, de l'année 1372 jusqu'à l'année 1377, reçut des témoignages multipliés de la confiance d'Édouard. Je trouve dans les Rôles gascons une mention *de octoginta libris per annum concessis Florimundo domino de la Sparre.*— (Rôles gasc., an. 1375. — Rymer, 1472.)

(24). — On trouve de curieux renseignements sur les factions de Bordeaux pendant toute la durée de la domination anglaise, dans l'excellente Notice *sur un manuscrit de la bibliothèque de Wolfenbüttel,* par MM. Martial et Jules Delpit. Ces factions étaient désignées, comme dans les villes d'Italie, par les noms des deux familles qui étaient à la tête de chacune, les *Colomb* et les *Cailhau.* C'étaient les Montaigus et les Capulets de Bordeaux.

(25). — « Si furent le sire de Pommiers et son clerc publiquement décollés en la cité de Bordeaux, en la place, devant tout le peuple, dont on fut moult émerveillé, et tinrent ce fait à grand blâme ceux du lignage.... et se départit de Bordeaux et de Bordelais ce gentil chevalier, oncle au dessus dit, messire Aymon de Pommiers....., et défia tantôt le seigneur de Lesparre, gascon, et lui fit grand guerre, pourtant qu'il avait été au jugement. » Un chevalier, du nom de Plassac, qui avait livré le château de Fronsac aux Français, sur l'ordre de Guillaume de Pommiers, fut également exécuté. (Froissart, t. ii, c. ii.)

(26).— « Et était le sire de Lesparre, à la prière de messire Thomas Felleton, parti de Bordeaux et entré en mers : mais il eut une fortune de mer qui le bouta en la mer d'Espagne. Si fut rencontré des nefs espaignoles à qui il eut la bataille, mais il ne put obtenir la place pour lui, et fut pris et mené en Espaigne, et là fut plus d'un an et demi ; car il était tous les jours aggrevé du lignage de ceux de Pommiers. » (Froissart, t. ii, c. v.)

(27). — L'*Inventaire de Lesparre* ne mentionne aucun

titre relatif à ce différend. Mais voici les indications que j'ai trouvées dans l'Inventaire de Puy-Paulin :

10 *Septembre* 1377. — Compromis passé à Londres par-devant Ferdinandus Petri, notaire,

Entre Archambaud de Greyli, captal de Buch, d'une part,

Et les procureurs constitués de Florimont de Lesparre, d'autre part ; aux fins de faire décider par quatre chevaliers, après que ledit Florimont serait délivré de sa prison d'Espagne, les demandes que celui-ci formait au sujet de la rançon de Rogier de Belfort et autres chevaliers faits prisonniers de guerre par Jean de Greyli, captal de Buch.

22 *Septembre* 1377. — Composition retenue par Fernandus Petri et Jamelus Medietarii, notaires,

Entre Archambaud de Greyli, captal de Buch, et vicomte de Bénauges, d'une part,

Et Rogier de Belfort et Jean de La Roche, faits prisonniers par Jean de Greyli, captal de Buch, à l'entrée de la ville de Limoges, d'autre part ;

Au sujet de la rançon de ceux-ci, qui est fixée à cent vingt mille francs d'or, payables aux termes et clauses portés par ladite composition, partie de laquelle rançon était payable dans Londres, ès mains du comte de la Marche, du comte d'Arondel, de M. Jean d'Arondel, et de M. Guy de Brian.

15 *Juin* 1386.—Appointement du grand sénéchal de Guienne, par lequel il nomme quatre chevaliers, savoir, Guilhem-Raymond de Madailhan sire de Rauzan, Jean de Pomeys sire de Lescun, Pierre de Noalhan, Guilhem-Amanieu Andron châtelain de Bourg, et le comte de Foix, pour tiers arbitres pour terminer le différend entre Florimont de Lesparre et Archambaud de Greyli, captal de Buch, au sujet de la rançon que ledit Archambaud avait reçue de messires Rogier de Belfort, Jean de la Roche, et le sire de Lenjat *(Lignac)*, faits

prisonniers de guerre par Jean de Greyli, captal de Buch;

De laquelle rançon ledit Florimont prétendait que la moitié lui était due, à raison d'une société d'armes qu'il avait ci-devant faite avec ledit Jean de Greyli.

Sans date. — Mémoire présenté au duc de Lancastre, sénéchal d'Angleterre et lieutenant d'Aquitaine,

Contenant les dires respectifs du seigneur de Lesparre et d'Archambaud de Greyli, captal de Buch;

Au sujet de la rançon payée audit Archambaud, comme héritier de Jean de Greyli, captal de Buch, par le sire Rogier de Beaufort et autres chevaliers, faits prisonniers de guerre par ledit Jean de Greyli, captal de Buch.

Baurein a donné des détails sur les procédures de 1389, dont la seule mention que j'ai trouvée est très-vraisemblablement l'acte sans date qui précède.

(Arch. de la Gironde, *Inventaire des titres de Puy-Paulin*, p. 109 *et seq.* Baurein, t. i, p. 230.)

(28) « 1382, Enqueste pour messire Florimont seigneur de Lesparre contre le seigneur Archambaud de Greyli, concernant la terre et chastellenie de Verteuil. (Inventaire de Lesparre.)

Le règlement définitif de la rançon de Florimont paraît n'avoir eu lieu qu'en 1386. Du moins voici ce que je lis dans l'*Inventaire de Lesparre*, à l'année 1386 : « Eslargissement de messire Florimont seigneur de Lesparre, Jean Harpadem, et Jean Gurson, détenus prisonniers de guerre par le roi de Castille dans la cité de Bourges, sous la responsion d'Aymond, fils du roi d'Angleterre, et autres y desnommés, de les remettre dans neuf mois, ou païer ce à quoy ils se sont obligez, avec la quittance. »

(29) Le compromis relatif à ce nouvel arrangement fut passé au mois de septembre 1393. Les nouveaux arbitres étaient, pour

Florimont, *Jean de Bourg, chevalier, et Pierre de Ripa-
riâ, licencié ès lois;* pour Archambaud, *Jean d'Artigue-
male, chevalier,* et *Guillaume du Bruzgar, bachelier ès
lois.* (Baurein , t. 1, p. 230.)

(30). — Rymer, t. III, part. III, p. 27-78.

(31). — Froissart, t. II, c. LI.

(32). — Après le protocole d'usage, le contrat commence
ainsi : « *In quâdam camerâ, vocatâ camerâ stellatâ, infrà
palatium excellentissimi principis et domini, domini* Ricar-
di, *Dei gratiâ,* Regis Angliæ et Franciæ *illustris, apud West-
monasterium, Londoniensi diœcese, constitutâ, in præsentiâ nobilium virorum, Dominorum* Michaelis de la Pole
cancellarii, Hugonis Segrave *thesaurarii, ipsius Domini
Regis, ac mei Notarii publici, et testium subscriptorum,
personaliter constitutus Nobilis vir Florimundus dominus
de l'Esparre, palam et publicè fatebatur, et expressè re-
cognovit, se teneri......,* etc., etc. » (Rymer, t. III, part. III,
p. 155.)

(33). — Les documents relatifs aux dettes des gentilshommes gascons en Angleterre, que M. Jules Delpit a transcrits à
Guild-Hall, et dont il a bien voulu me donner communication,
sont assurément des plus curieux pour l'histoire de la Guienne
anglaise.

Celui que j'ai sous les yeux, daté du 26 mai de l'année 27°
du règne d'Édouard Ier (1299), présente d'abord une charte de
ce prince en faveur des Maire, Aldermans, Vicomtes, et citoyens
de Londres, pour le remboursement des avances qu'ils ont faites
en son nom, aux créanciers de certains Gascons, *quorumdam
Vasconum,* jusqu'à concurrence de 1409 livres 13 sous 11 deniers, pour lesquelles son sénéchal de Guienne, Henry de Lacy,
comte de Lincoln, s'était obligé envers les susdits Gascons ; remboursement hypothéqué sur les droits de toute nature que le
Roi perçoit dans la ville de Londres et le comté de Middlesex, et

que les vicomtes de cette ville sont autorisés à affecter à cette destination jusqu'à parfait payement, *quousque per rationa-bilem computationem indè ad scaccarium nostrum annua-tim reddendam, constiterit dictos Majorem, Aldermanos, vicecomites et cives, dictam pecuniæ summam, ut præ-mittitur, percepisse......, etc.*

Vient ensuite une liste intitulée : *Debita quæ Vascones de paragio debent diversis hominibus civitatis Londoniæ et de procinctu ejusdem civitatis, tam infrà libertatem quàm extrà, pro quibus Major, Aldermani ac cæteri cives dictæ civitatis satisfacient creditoribus anglicis dictorum Vasco-num, ex parte regis......, etc.*

Parmi les débiteurs qui figurent dans cette liste, avec le menu de leurs dettes, on trouve les noms des plus puissantes maisons de la Guienne. Les créanciers sont tous des fournisseurs, tels que logeurs, cordonniers, apothicaires, marchands de vin, de bière, etc.

Pierre-Amanieu, captal de Buch, y est inscrit comme devant à quinze créanciers, entre autres à son hôtesse Alicia Letche;

Guilhem de Seguin, sire de Rions, doit 106 livres; il a six créanciers :

Le vicomte de Castillon doit......................	50 livres.
Pierre de Bordeaux...............................	15 sous.
Ebles de Puy-Guilhem........................	4 livres.
Arnaud de Caupène.............................	16 sous.
Gaillard d'Agassac.............................	14 livres.
Othon de Montgiscard.........................	10 sous.

Il y a en tout quatre-vingt-cinq débiteurs représentant un déficit de 1051 livres 9 sous 10 deniers.

A la suite se trouvent plusieurs quittances du maire de Londres, dont la première porte, à la date du *mercredi après la fête de S. Edouard* (1299), qu'il a reçu un à-compte de 30 livres, *in partem solutionis.* Les dernières sont de l'année 1301, et comme il n'y en a point qui porte un récépisse définitif, il est probable qu'à cette époque le remboursement n'était pas encore opéré. Il était difficile qu'il fût bien prompt, attendu qu'il s'effectuait par fractions de 10 à 5o livres, et que ces fractions ne se suivaient pas avec une grande rapidité.

(34). — La reconnaissance en question est intitulée *Litera obligatoria*, et elle n'occupe pas moins de deux colonnes et demie dans Rymer. Les trois barons y tiennent un langage des plus humbles : *Verùm quia per* incuriam, culpam *et* negligentiam *nostram*, *et cujuslibet nostrùm* incuriam, culpam *et* negligentiam, *prædictæ pecuniarum summæ, vel aliqua pars earum....... nullatenùs fuerant solutæ vel fuerat soluta ; ac prætextu non solutionis summæ prædictæ, nos* Florimundus, Pontius *et* Johannes, *in prisonam de Newgate, ad voluntatem dicti Domini Nicolai personaliter accessissemus, in quâ personaliter remanere debuissemus,* etc......... (Rymer, t. III, part. III, p. 179.)

(35). — Pour ces divers faits, Rymer, t. III, part. IV, p. 28-60. — « Noble et puissant homme, Mre Florimont, sire de Lesparre, chevalier, fut témoin de la procuration donnée par Bernard, comte d'Armagnac, à noble et puissant homme Mre Manault de Barbazan, pour traiter de la paix avec Charles, roy de Navarre, et de mariage avec la fille dudit roy, le 6 septembre 1392. » (Mss. de la Bibl. roy.)

(36). La riche collection de l'*Archivo de comptos de Navarra*, à Pampelune, renferme trois pièces relatives aux affaires d'intérêt de Florimont et de D. Alonzo ; elles ont été transcrites pour moi avec une rare obligeance par D. José Yanguas y Miranda, conservateur de ce dépôt, auquel on en doit un excellent catalogue raisonné, sous le titre de *Diccionario de las Antiguedades de Navarra, etc.* (Pamplona, 3 vol. in-8°, 1840-42).

La première de ces pièces est une quittance en français donnée à Tudela par Florimont lui-même à Garcia Lopiz de Lizas-

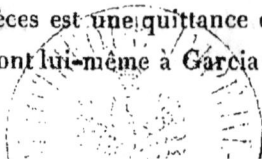

soain, trésorier du roi de Navarre, de la somme de 1500 florins d'Aragon, qui lui avait été comptée à la décharge de D.
Alonzo, et « *en déduction et rebat de 40 florins par jour,*
» *qui nous sont ou pourront estre deus à cauze d'une obli-*
» *gation à nous faicte par Mss. Alffonso de Denia, en at-*
» *tendant sa délivrance......* » Cette quittance est datée du
11 décembre 1391.

La seconde est une procuration donnée par Florimont à *En
Guilhem de Cassanet, donzet,* pour toucher ce qui lui restait dû par D. Alonzo. La procuration longuement spécifiée,
comme tous les actes de cette nature au moyen âge, fut passée
en présence de *Peyre deü Porge notari public deü Dugat
de Guiayna,* au château de Lesparre, le 5 mai 1392.

La troisième est une récapitulation faite par le trésorier Lopiz de Lizassoain, des sommes payées des deniers du roi de Navarre à la décharge de D. Alonzo. Dans cette note Florimont
de Lesparre est compris pour une somme de 4,840 florins.

(37). — « *Cùm dilecti et fideles nostri Florimundus Dominus de la Sparre cum sexaginta equitibus,* vicecomes
D'ort *cum triginta equitibus, et dominus de Chastelhon
cum triginta equitibus in comitivis suis, infrà regnum
nostrum Angliæ, penes præsentiam nostram, pro quibus-
dam arduis negotiis nos et statum partium Aquitaniæ
specialiter concernentibus, nobis explicandis, mediante li-
centiá nostrá, in proximo sint venturi.....,* etc.' » Ce sauf-
conduit est du 8 avril 1394. C'est le dernier acte de la collection de Rymer, dans lequel il soit question de Florimont. (Rymer, t. III, part. IV, p. 94.)

(38). — Henri v attachait, comme je l'ai dit, une grande
importance aux débats entre Jeanne d'Armagnac et Bernard de
La Barde, relativement à la seigneurie de Lesparre. En 1416 il
expédie une commission au sénéchal Jean Tiptost, au connétable Clifford, à Pierre Rivière, docteur ès lois, et à Bertrand

d'Aste, juge de Gascogne, pour procéder à une enquête et prononcer entre Jeanne et Bernard *summariè et de plano, sine
strepitu et figurâ judicii*. D'après cette lettre on voit que l'in-
tention du prince était que Jeanne fût condamnée. Il écrivait
dans le même sens au vicomte de Castilhon, au maire et jurats
de Bordeaux, à l'archevêque, enfin à tous les habitants nobles,
ecclésiastiques et roturiers de la baronnie de Lesparre. La conclusion de toutes ces lettres était que Jeanne fût immédiatement
évincée, si elle ne justifiait de ses droits par le testament de
Florimont et celui d'Amanieu de Madaïlhan.

Le traité passé entre Jeanne et Henri v se trouve dans Rymer,
à l'année 1417. Je n'ai pu me procurer une copie de celui qui
fut passé la même année avec Bernard, et que cite Sir Palgrave.

Quant aux documents relatifs aux divers propriétaires de Lesparre, après l'achat de Henri v, je n'en mentionnerai ici que les
plus importants.

1417 « Hommage rendu par Amanieu d'Arsac à Henry, roi
d'Angleterre, comme sire de Lesparre, du chasteau de Lilhan,
et de la forest des Monts, avec tous les droits qu'il a audit
lieu et ailleurs, en ladite sirie, au devoir de 100 sols d'exporle et
autres droits de fidélité. » (Invent. de Lesparre.)

1438-41. « *Rex concessit Johanni comiti de Huntingdon,
Locum-tenenti Aquitaniæ Dominium de* Lesparre. — *Rex
concessit Bernardo Angevyn castellaniam de* Lesparre *et de*
Lesparrois. » (Rôles gascons.) Dans Rymer, deux chartes de Jean
de Huntingdon, en faveur de Gaston de Foix, sont datées du
château de Lesparre : la première est en latin, et se termine
ainsi : « *Data* in castro de Sparra, *sub nostro prædicto sigillo, quinto decimo die mensis decembris anno Domini
millesimo quadringentesimo tricesimo nono.* » La seconde,
en français, porte : « Donné en *nostre chastell de l'Esparre*,
soubz le scel de nostre office, le darrien jour de julli l'an mille
quatre centz et quarante. »

Pour la donation faite à Jean Holland de Huntingdon, créé duc d'Exeter, et à son fils Henri, en 1443 et 1448, voyez les Rôles gascons, p. 228-232.

1444. « Reconnaissance de Mérigot et Bertrand du Fleix au duc de Glocester, sire de Lesparre, d'une maison, jardin, et puys, scis en la grand rue de Lesparre, appellée la maison du sieur Bertrand de La Trau, au devoir d'un salut d'or de cens et rente, portable annuellement au chasteau de Lesparre. » (Invent. de Lesparre.)

Après l'expulsion des Anglais de la Guienne, Pierre de Mont-ferrant, époux de Marie de Bedford, fut rétabli dans les droits de la maison de Preyssac, comme sire de Lesparre ; mais il jouit peu de cette faveur illusoire ; c'est ce qui résulte d'une charte de l'an 1459, par laquelle Henri VI accordait une pension de 20 livres par an à sa veuve, *Dilectæ Mariæ, nuper uxori Petri de Montferrant militis, nuper Domini de La Sparre.* Cette pension fut portée plus tard à 40 livres.

Enfin, la baronie de Lesparre était donnée à Gailhard de Durfort, l'un des fugitifs de la Guienne, par Édouard IV, au moment où ce prince, d'accord avec Charles-le-Téméraire, mé-ditait une invasion en France, l'an 1472. On pense bien que ce don n'eut aucun effet. Ce même Gailhard de Durfort avait été trois ans auparavant (1469) l'un des trois envoyés extraordi-naires chargés de remettre au duc de Bourgogne les insignes de l'ordre de la Jarretière. (Rymer, an. 1453-1459-1460-1469-1472.)

––––––––––

La légende ou le roman de Cénebrun, dont j'ai parlé au commencement de la Notice sur Florimont, étant le complé-ment indispensable d'un travail quelconque sur la seigneurie de Lesparre, j'en donne ici le texte qui sera ainsi publié pour la première fois en entier.

Cette légende qui formait, ainsi que je l'ai dit, l'introduction de la chronique de Bordeaux, chronique fort courte et remplie d'anachronismes, offre un nouvel exemple du travestissement que les faits et les personnages historiques subirent au moyen âge. On y trouve, en effet, des réminiscences plus ou moins reconnaissables d'événements réels et importants, tels que la prédication du christianisme dans l'Aquitaine, l'établissement de la féodalité, les luttes des comtes de Poitiers et des ducs de Gascogne, les Croisades, les démêlés de Henri Plantagenet avec Étienne de Blois, l'inconduite de la belle Brunisende de Périgord, les hauts faits de Florimont dans la terre sainte, etc..... Il y a aussi des allusions à certaines fables populaires au moyen âge, comme le mariage de Charlemagne avec Galienne, la vie de Renaud de Montauban, etc.

Cette légende, d'après le style et les idées, peut être rapportée au xve siècle. Je ne la crois pas toute de la même main. La dernière partie accuse surtout une rédaction différente du reste par sa couleur exclusivement pieuse et cléricale, qui ne domine pas au même point dans les autres parties. Ce sont des fragments provenus de différentes sources, écrits de différents points de vue, et sur lesquels chaque rédacteur a laissé son empreinte. L'histoire du retour de Cénebrun et de ses démêlés avec ses frères, après la croisade, était au moyen âge un de ces thèmes *publici juris*, que tous les romanciers traitaient, chacun à sa guise. Le *Romancero* espagnol en renferme plus d'un exemple.

Je dois prévenir les lecteurs que je ne me suis pas fait un devoir de respecter en tout point l'orthographe et les barbarismes des trois manuscrits que possèdent les archives de Bordeaux, et dont aucun ne peut être regardé comme le texte original. Ce ne sont que des copies, et des copies fort défectueuses. J'ai voulu donner un texte lisible avant tout. Là où j'ai été obligé de faire des corrections, j'indique entre parenthèses la leçon

des manuscrits ; quand je supplée des mots omis, je les écris
en italique ; enfin, lorsqu'il y en a de trop indéchiffrables, je
les accompagne d'un point d'interrogation.

Hìc est historia continens matrimonium celebratum inter
Cenebrunum Dominum de Sparrá et filiam Soldani
Babyloniœ.

Antiquis temporibus, videlicet longo tempore ante nativita-
tem Jhesu Christi, cum universus orbis subditus esset Romano
imperio et submissus, et quilibet homo utriusque sexûs, tam
magnus quam parvus, totius mundi, quolibet anno redderet
imperatori unum denarium pro tributo, qui valebat quinque
denarios usuales ; ab imperatoribus Tito et Vespasiano (*Ves-*
pesiano, Mss.) Burdegala, civitas nobilis, fundata est.

Et cum Vespasianus esset staturæ maximæ ultra humanum
debitum et mensuram, *licet stilo se dicatur de suis manibus*
vespere ad litteram procedebat (sic) ; cum verò esset dotatus
prole nobili, et multos filios ex uxore legitimos procreasset,
dedit Cenebruno filio suo secundo, in uxorem, Gualianam
filiam primogenitam dicti Titi imperatoris. Nuptiis igitur cum
solemnitate maximâ celebratis, de consensu et de expressâ voluntate utriusque, videlicet Titi et Vespasiani, præfatum Cenebrunum regem Burdegalæ præfecerunt, quem miserunt Burdegalam cum thesauro maximo et exercitu magno valdè. Cujus
potestati et dominio subdiderunt provincias Narbonensem, Au-
xitanensem, Burdegalensem, Biterrensem (*Butirensem*, Mss.),
Bituricensem (*Bitduuensem*, Mss.), et quidquid erat citrà
Rhodanum usque ad civitatem Arelatensem, et ex fluvio Li-
geri (*Legey*, Mss.) usque ad montes Pireneos. Iste verò Cenebrunus cum infinitas pecunias congregasset, fecit Pilares fieri
Tudelenses, in quibus construxit templum Priapi ad luxuriam
et coytum concitandum, in quo multis temporibus (*lacune*

dans les trois manuscrits) secundum ritus gentilium de universis mundi partibus fuit magnum. Gualiana verò uxor ejus fecit fieri Palatium Gualianæ, quod suo tempore dicebatur nobilius et pulchrius de sub cœlo. Processu igitur temporis præfatus Cenebrunus, rex Burdegalensis, cum esset corpore giganteus et lubricus miro modo, et haberet septem filias de uxore suâ Gualianâ, et de aliis uxoribus circiter quadraginta, compulsus amore filiorum, scidit et quoddammodò dissipavit nobile regnum Burdegalense, quod esset hodiè potentius orbis, nisi sequens sectio accidisset; nam regnum divisit filiis suis, de quibus fecit reges, duces et comites; ità tamen quod omnes tenerent terras suas à rege Burdegalensi qui pro tempore foret, et venirent ad curias suas, et eidem facerent homagium et tributum. Reges fecit Luduni, Tholosæ.

Duces vero et comites ut fierent, per omnes totius regni sui constituit civitates; sed tamen, cum inter omnes filios suos rex et regina Gualiana majori affectione dilexerint Cenebrunum, filium suum secundum ipsorum, quia erat pulchrior et valentior omnibus filiis suis, et major corpore, et quia erat in armis potentior ac magis in rebus bellicis fortunatus, voluerunt eum juxta se paternis affectibus retinere, et eumdem comitem Medulcensem præfecerunt. Cui totam terram à Jala à dextris et à sinistris infra duo maria usque ad pelagum concesserunt. Et hoc istâ ratione quia (*que*, Mss.) terra Medulcensis erat delicatissima ex aquis optimis et nemoribus, venationibus diversis ac piscationibus abundabat, et omnibus rebus humano corpori necessariis plena erat, exceptis solummodo speciebus. In ipsâ terrâ erant duæ civitates, Huiraus et Byurat, quas Karolus Magnus tempore guerræ dissipavit, et earumdem populos interfecit. Istis igitur sic peractis, præfatus Cenebrunus, rex Burdegalensis, misit legatos suos regi Viannæ quod daret duas filias suas primogenitas duobus filiis suis primogenitis in uxoribus. Rex verò Viannæ audiens rumores legatorum, misit filias suas

regi Burdegalensi cum cœtu magnifico et honore. Rex verò dedit primogenitam Vespasiano, filio suo primogenito; secun-
dam, Annys nomine, dedit Cenebruno, comiti Medulcensi, et
thesaurum magnum valdè. Qui, acceptâ uxore, Medulcensem
ingreditur terram suam.

Gualiana verò, mater comitis Cenebruni, ob amorem et
magnam dilectionem quam habebat erga filium suum Cenebrunum, fecit fieri iter planum et rectissimum sicut corda, per
nemora quæ erant densissima, a palatio suo usque ad pelagum;
ita ut per illud iter currus suus aureus ire posset suaviter, et,
quando vellet, posset sine labore prædictum filium suum visi-
tare, et in terra illa amœnissima posset aliquibus temporibus se
recreare. Expensa itineris faciendi, de ordinatione regine, sol-
vebat quædam meretrix speciosa et multum astuta, que vocabatur Brunisen.

Rebus autem mundi sic dispositis, post passionem Jhesus
Christi et ascensionem ipsius, quùm (*quo*, Mss.) fides christiana paulatìm incœpit pullulare, et beatus Martialis circà Le-
movicum prædicare, obiit quidem (*quidam*, Mss.) rex Burdegalensis qui descenderat lineâ rectâ (*linaster*, Mss.) à dicto
Cenebruno, primo rege Burdegalensi. Sed ante mortem, per
manus beati Martialis apud Mauritaniam *ipse* et uxor sua
fuerant sacro baptismate præmuniti. Iste rex non dimisit prolem, nisi unicam filiam quam comiti Lemovicensi ante obitum
filiorum suorum donaverat in uxorem. Nihilominùs ille comes
de dictâ uxore suâ non habuit prolem nisi unicam filiam nomine Valeriam (*Valeria*, Mss.). Comite autem prædicto viam
universæ carnis ingresso, comitissa et filia Valeria cui regnum
Burdegalense jure paterno et hæreditario pertinebat adiverunt
beatum Martialem qui eas Spiritûs Sancti gratiâ renovavit.

Imperator Romanus, auditâ morte regis Burdegalensis et
comitis supradicti, dedit præfatam Valeriam Stephano nepoti,
filio fratris sui, cum totâ terrâ suâ et reditibus in uxorem, sub

tali tamen conditione, quod nec ipse, nec hæredes sui, reges sed duces ulteriùs vocarentur (*vocaverunt*, Mss.); privilegio verò diadematis et honore, ipse et hæredes sui perpetualiter congauderent. Hoc addito, quod *si* præfatus Stephanus de dictâ Valeriâ prolem aliquam non haberet, prolemque (*quam*, Miss.) haberet de uxore aliâ, ipse et hæredes in præfato regno non hæreditarent, in perpetuum ut regnarent. Istis igitur sigillo imperatoris sic firmatis, præfatus (*precatus*, Mss.) Stephanus (*scilicet*, Mss.) cum grandi exercitu et thesauro magno valdè arripuit iter suum et dum per Septimaniam integram *quievisset* (?) mandavit per quemdam fratrem suum Valeriæ supradictæ ut veniret ad eum, quia tempus erat ut suo conjugio uterentur. Valeria, his auditis, purificata undis baptismatis et in fide Jhesus Christi firmissimè radicata, ad præfatum imperium venire renuit et contempsit totaliter. Quo audito, Stephanus furore nimio agitatus illam fecit tàm citò decollari. Quâ decollatâ, ibidem auctor sceleris expiravit. Valeria verò caput suum proprium deportavit ad locum in quo beatus Martialis illam honorificè sepelivit. His autem auditis, præfatus Stephanus beatum Martialem adivit dicens ei quod si *agonem*(?) Valeriæ suscitaret, ipse baptismum acciperet et fidem Christianorum defenderet toto posse. Præfatus verò Martialis, elevatis oculis in cœlum, præmissâ oratione, mortuam suscitavit. Ipsâ die Stephanus cum quindecim millibus (*milia*, Mss.) hominum est baptizatus, et tunc regnum Burdegalense cum suis partibus *Aguitania* est vocatum.

Hìc debes intelligere quod post quædam tempora contigit quod ducatus Aquitaniæ remansit sine duce, quia non remansit legitimus hæres; et tunc Vascones vocaverunt concorditer in ducem Sancium Gayta, filium ultimum regis Castellæ, quem posteà Galcelinus dominus de Castilione proditionaliter fecit interficere à Guilelmo, Austensii domino de Nogarolio (*Nogrii*, Mss.).

Posteà fuit vocatus in ducem comes Pictaviensis, qui vindicavit mortem Sancii; indè per maritagium ducatus venit ad dominum regem Angliæ.

Transactis temporibus, postmodùm quùm fides christiana jam per universum mundum esset miraculis sanctorum coruscantibus et continuis radicata, et priorum *temporum* esset memoria jam deleta, fuit quidam comes Medulcensis nomine Cenebrunus qui habebat duos fratres, Pontium et Fulconem, et unam sororem, et habebat uxorem filiam comitis Marchæ, sed prolem aliquam non habebat et cùm esset miles fortissimus ut parem sibi aliquem *non* inveniret in rebus bellicis et in armis, florens ætate juventutis, habens xxxiii annos vel circà, audivit bella continua quæ inferebant Sarraceni terræ sanctæ et populis christianis. Ordinatâ igitur terrâ suâ, *et* fratri suo Pontio commendatâ, versùs Jherusalem arripuit iter suum, et dum esset *cum* uxore suâ propter tumultuantes (*stumulisantes,* Mss.) fluctus maris, domina delicata infirma fuit graviter, et infrà quinque dies obiit, ejusque corpus sepulturæ honorificè tradiderunt.

Postmodùm fuit bellum inter Christianos et Sarracenos ante festum Assumptionis gloriosæ Virginis juxtà Damiettam (*Danatan,* Mss.), et quùm ex utràque parte fuisset mirabilis strages facta, præfatus Cenebrunus cum modicis christianis campum obtinuit et triumphum, ità quod vix aut nunquam unus homo solus tantam strenuitatem fecit, nec tantam assecutus fuit victoriam, sicut ille Cenebrunus.

Soldanus verò Babylonæ, auditâ strenuitate et famâ istius Cenebruni, cogitavit qualiter haberet vel capere posset ipsuum et excogitatâ proditione, firmavit treugas per annum cum Christianis omnibus concessas. Præfatus Cenebrunus cum sociis suis sacrosanctum sepulcrum corporis Christi *quùm* visitandum iret, et ad capellam gloriosæ Virginis, à Sarracenis in itinere fuit captus et Soldano cum magno gaudio fuit præsentatus.

Soldanus ipsum recepit misericorditer, ac lætanter duxit eum secum, sine omni carcere, et in mensâ filiorum Soldani continuè comedebat, indutus regaliter purpuris et samitis (*semitis*, Mss.). Soldanus verò quâdam die volens probare strenuitatem Cenebruni, petiit ab eo si vellet fungere cum quodam milite qui Eneas vocabatur, et in totâ terrâ Soldani non erat melior miles illo. Cenebrunus respondit quàm multùm libenter.

Quâdam die quùm Soldanus mandasset curiam suam in Ægypto ubi omnes principes et barones totius terræ suæ convenerant, post prandium, fecit Soldanus Cenebrunum quem multùm diligebat armis fortissimis armari, et eidem equum suum nobilissimum dedit. Eneas autem bellis continuis assuetus armavit se fortiter et equum excellentem habuit valdè. Quo facto, Soldanus fecit buccinas (*bugenuas*, Mss.) resonare et præconisari quòd omnes ad hoc spectaculum concurrerent (*quererent*, Mss.). Ille verò Cenebrunus tentabat equum suum quâdam in plateâ.

Populis igitur congregatis, circà centum mille, in equis, exceptis hominibus aliis et mulieribus, factâ plateâ et populis ordinatis ità ut omnes eos possent videre, et soldanissâ cum filiâ suâ unicâ in curru suo argenteo collocatâ, ac diademate cum pretiosis lapidibus insignitâ, factum est silentium magnum valdè. Quo facto, Eneas incœpit voce et linguâ fortiter exclamare. Cenebrunus verò linguagio medico (*medio*, Mss.) (*lacune*) valentissimè reclamavit, et strictis clypeis ac protensis lanceis, equis calcaribus acriter propulsatis, vadunt mutuò se figere (*videre*, Mss.) ita terribiliter quod Cenebrunus percussit Eneam, et clypeum ejus in duas partes divisit, petrallum et singenas et arsonem ultimum sellæ ipsius disrupit, et lanceam in pectore ejus in parte dextrâ collocavit, et ipsum in terrâ ad pedem equi dejecit ictu et prostravit. Quo facto, descendit velociter et Eneam per tibiam accepit, ac ipsum quasi porcum reversis oculis versùs cœlum, posito capite inter ipsius crura, super collum suum viriliter collocavit, et cum eodem ità in collo elevato, equum leviter ascendit, et sic per carrerias ter cucurrit. Hoc facto, descendit de equo Cenebrunus, et Eneam deposuit civiliter super terram. Hoc viso, mirati sunt populi Gentilium miro modo, et mirabiliter stupefacti, et sic ad propria redierunt. Eneas verò portatus est ad hospitium suum et validè suo sub compendio est curatus, qui postmodùm factus est amicus specialissimus Cenebruni.

Ex tunc filia Soldani propter hoc dilexit totis affectibus nobilissimum Cenebrunum et continuò indè cogitabat qualiter posset eum liberè expedire.

Transactis verò temporibus, Soldanus nisus fuit inducere præfatum Cenebrunum ut ad ritus et ad legem gentilium se transferret, inducens rationem talem, quòd facere debebat, quùm prædecessor suus rex Burdegalensis qui de genere descendit Vespasiani imperatoris, gentilis fuisset : promittens eidem Cenebruno multas villas et civitates in Ægypto se daturum et filiam suam unicam in uxorem, si vellet acquiescere verbis suis. Cenebrunus cum multis lacrymis respondit Soldano quod eidem in crastinum responderet.

Ad cujus lacrymas Soldanus multùm flevit. Nocte verò mediâ, quùm Cenebrunus denuò obdormivisset, apparuit ei dilectissima mater Jhesus Christi, consolans eum dicens : « Carissime, non dimittas legem filii mei Jhesus Christi pro cujus amore captus es; ego cum filii mei adjutorio liberabo te; tamen in hâc vitâ tribulationes aliquas patieris. » Quibus dictis, à somno excitatus Cenebrunus ex visione et revelatione beatissimæ matris Christi leniter affectus est (*leviter effectus est,* Mss.) et repletus gaudio magno valdè; et in crastinum intrepidus et hilaris existens, in soldani præsentiâ respondit : «Do- » mine, *respondeo* precibus vestris quas fecisti mihi heri; et » dico audaciter quod si daretis mihi quidquid est ab oriente » usque ad occidentem, fidem seu legem Christi et baptismum » quod accepi non dimitterem nec negarem. » Quo audito, Soldanus doluit vehementer, et habito consilio quomodò posset eum *ad* se revertere, consultum fuit ei quod filia sua Fenix ipsum, si loqueretur simul, facillimè inclinaret.

Soldanus igitur, hoc audito, Fenicem suam *filiam* visitavit et injunxit ei discretè quod Cenebrunum verbis dilectissimis et amplexibus inclinaret quòd fieret Sarracenus. Fenix autem quæ totâ mente affectabat fieri christiana et dictum Cenebrunum totis visceribus diligebat, repleta est gaudio vehementi quia linguagium gallicum aliquantulùm sciebat et duæ ancillæ provinciales captivæ in ejus servitio morabantur. Soldanus igitur mandavit et rogavit Cenebrunum quod bis, vel ter, vel plus, si vellet, in septimanâ filiam suam visitaret, et cum ancillis suis quæ linguam suam noverant, loqueretur.

Hoc igitur divinâ providentiâ ordinato, accessit quâdam die sextâ feriâ ad dictam Fenicem Cenebrunus. Fenix induta pannis nobilissimis et contectis lapidibus preciosis præfatum Cenebrunum recepit benignissimâ pietate, et ancillæ præfatæ, flexis genibus, cum lacrymis osculatæ sunt pedes ejus, ac Fenix etiam lacrymavit. Hoc autem facto, Fenix et Cenebrunus posuerunt se super tapetis (*raptis*, Mss.) Ægyptiis et pariter consederunt. Fenix autem auditâ Cenebruni voce, et ipsius pulcritudine inducta medullitùs et accensa, eidem quidquid Soldanus pater suus innuerat (*innoserat*, Mss.) enarravit, dicens ei : « Sed tu, Cenebrune, amice carissime, non facias hoc, quoniam ego cupio fieri christiana, et te diligo plus quàm aliquam creaturam, et te feliciter liberabo ac tecum recedam, si me velis ducere in uxorem. » Cenebrunus autem hoc audito, quasi de gravi somno miratus miro modo, et recordatus visionis beatæ Mariæ, præ magno gaudio flere cœpit. Quid plura? facta ibidem sponsalia cum amplexibus et osculis dilectissimis et amœnis.

Quo facto, et benè firmato, tandem Soldanus Fenicem in crastinum visitavit petens ab eâdem qualiter ibat causa hæc. Illa respondens : « Feliciter, sed aliquantulùm durus erat. » Soldanus rogavit Fenicem quòd hoc negotium modis omnibus expediret quia ipsum oportebat ire versùs Alexandriam, sed citò, vitâ comite, remearet. Quo facto, dictâ filiâ osculatâ, abiit viam suam et rogavit Cenebrunum quod non tædiaretur, sed cum filiâ suâ et ejus ancillis de terrâ suâ duceret dies lætos. Tunc Soldanus ordinavit xxx milites qui Cenebrunum cum diligentiâ custodirent noctibus et diebus.

Soldanus igitur iter ingressus. Fenix autem aurum et lapides pretiosos in magnâ multitudine congregavit, et habitis multis colloquiis et osculis et solatiis cum Cenebruno, quâdam vigiliâ Annuntiationis beatæ Mariæ, ambo locuti sunt longo tempore et ordinaverunt quod ipsâ nocte recederent. Et in primâ noctis vigiliâ recesserunt cum præfatis ancillis et xxii sociis et cum xx besanssis, auro et pretiosis lapidibus oneratis. Omnes per equos (*predictos*) ibant, exceptis Cenebruno et Fenice qui duos camelos equitabant, et in toto itinere nullam resistentiam invenerunt, ducente eos per nemora et devia quodam lumine (*quoddam lue*, Mss.); et lassati et confracti, quâdam die sabati, Damiettam (*Danathan*, Mss.) quamdam villam nobilissimam, intraverunt.

His auditis, Christiani in crastinum, die dominicâ, totam villam samitis, purpureis pannis, et sericis et aliis ornamentis ornaverunt; et ipsâ die Fenix illa fuit in ecclesiâ beatæ Mariæ Virginis baptizata, cui nomen impositum fuit Maria, et meritò; et in eâdem ecclesiâ, ipsâ die, desponsavit eam felicissimus Cenebrunus et totus populus villæ totam diem et sequentem et tertiam in diversis ludis et honoribus expenderunt. Cenebrunus verò timens Soldani potentiam et filiæ dolorem, de amicorum suorum consilio, versùs *Athon* (?) arripuit suum iter, et parato navigio intravit mare, et in vigiliâ beatæ Mariæ Massiliæ applicavit, ubi fuit receptus à totâ villâ cum magno gaudio et honore. Et quùm domina Maria propter maris tempestatem gravata fuisset et corporaliter conquassata, ibidem per mensem

integrum pausaverunt, et factis vestibus et emptâ equitaturâ,
versùs Burdegalam accesserunt. In quâ, in vigiliâ beati Michaelis
clàm intraverunt et ibidem recepti fuerunt cum magnâ lætitiâ
et honore. In crastinum verò dictum fuit Cenebruno quòd fratres sui ipsum mortuum reputabant, et quòd Pontius uxorem
acceperat filiam comitis Petragoricensis, et comes eidem dederat
Inter-duo-Maria cum filiâ, in dotem, et Fulco filiam principis
Blaviensis receperat in uxorem, et factus erat dominus Marchæ, Pontius verò in totâ aliâ terrâ dominabatur.

His auditis, Cenebrunus furore nimio concitatus, dissimu-
lans conquievit, et ibidem applicuit super ripam, uxore Burdegalæ relictâ. Equos verò et apparatum suum versùs Lamarque
et Listrac per terram misit. Sed nec apud Listrac nec apud
Lamarque Cenebruni *homines* receperunt, qui non ·recepti
versùs Castillionem ambulaverunt. Pontius verò, audito adventu
fratris sui Cenebruni, portas cum diligentiâ fecit claudi. Hoc
facto, Cenebrunus mandavit fratri suo per nuntios quòd multùm mirabatur quòd portæ villæ sibi claudebantur, et quòd
aperiret sibi. Statim Pontius per eosdem nuntios remandavit
Cenebruno quòd nunquam intraret quòd spurius erat, et quòd
citò recederet indè, aut sibi caput faceret amputari. Cenebrunus autem hoc audito, magis doluit de voce improperii, quia
vocaverat eum spurium, quàm de terrâ amissâ, et cum magno
dolore versùs Burdegalam est reversus. Et congregatis quibus-
cunque potuit de amicis intravit Medulcum et apud Lesparra,
circà civitatem de Ayran, in forti palude ædificavit unam mot-
tam quam Pontius et Fulco primò destruxerunt; et secundò
destruxerunt; tertiò verò fecit eam fortiorem quàm delere nullatenùs potuerunt. Omnes parrochiæ de S. Germano usque ad
Solacum ad Cenebrunum dominum suum naturalem unanimi-
ter redierunt; et quùm fuisset guerra fortissima annis multis
inter fratres, præfatus Cenebrunus eos non potuit subjugare,
quùm loca essent fortissima, et comes Petragoricensis et prin-
ceps Blaviensis eos toto posse juvarent et foverent.

Rebus igitur tunc sic se habentibus, de ipsorum guerrâ, de amicorum consilio facta fuit compositio in hunc modum, itâ quod Cenebrunus dominaretur et esset dominus de Civrac quod castrum erat, et usque ad pelagum de Solaco, à dextris et à sinistris; Pontius verò essęt dominus de Castillione et de Listrac et de terrâ de Inter–duo–Maria quam acceperat ab uxore; Fulco autem esset de Marquâ cum dominio subdictarum parrochiarum, de Paulhac, sancti Mamberti, sancti Juliani, sanctæ Gemmæ, sancti Laurentii, sancti Symphoriani de Cissac, et etiam sancti Severini de Lamarqua. In quâ quidem compositione, de utrorumque consensu, sororem suam unicam maritaverunt et dederunt eam in uxorem Galhardo-Remundi de Montalban qui modo dicitur Burgus, super Dordoniam situatus, cui Guittardus pater dedit Cubzac castrum nobile, et milites quinquaginta et reditus valdè bonos circà Burgum. Cenebrunus verò et fratres sui dederunt sorori suæ Cussac: et justitiam de *Pearne* (?), et Bertholini, ac burgi de Bertolio majorem, de assensu fratrum suorum, sibi retinuit Cenebrunum.

Pace igitur sic firmatâ, pacificè quieverunt, et tunc dictus Cenebrunus comes Medulcensis apud Lespaut qui modo dicitur Lesparra, et valdè *est* fertile de omnibus cibariis delicatis, ordinavit; et Domina Maria uxor sua speciosissima genuit tres filios, comitem Guillelmum, Cenebrunum et Gaufridum qui fuit archiepiscopus Burdegualæ, et postmodùm cardinalis.

Et quùm capella beatæ Mariæ de Solaco esset terrea et valdè parva, Fenix (*felix*, Mss.) illa domina Maria, uxor Cenebruni, de auro quod exportaverat de Ægypto, fecit construere apud Solac pulchram ecclesiam testudinandam de lapide et magnam, in honore Virginis benedictæ; et de assensu et expressâ voluntate Cenebruni viri sui villam de Solaco dedit in perpetuum dictæ ecclesiæ et concessit talliam; majorem verò justitiam et dominium dictæ villæ retinuit sibi Cenebrunus.

Hoc totaliter ordinato, contigit quod præfatus Cenebrunus

et uxor sua tempore paschali versùs Carquans per saltus et nemora ambularent, et ibidem in venationibus animalium dies
multos cum lætitiâ expenderent. Sed nulla ecclesia erat ibi;
quapropter Domina Maria tetendit ibi tentorium suum juxtà
fontem, in quo missam suam|, omni die, cum devotione maximâ
audiebat. Et cùm domina Maria esset pulchrior domina de sub
cœlo et etiam plus devota, et audiret beati Martini miracula
(*vincula*, Mss.) frequentari, qui paulo antè migraverat ab hâc
vitâ, in honore ipsius, propè fontem, versùs occidentem, ab-
batiam monachorum nigrorum fundavit et ecclesiam de lapidibus construi fecit, et locum cum voluntate dicti Cenebruni
dotavit reditibus et honore. In quam ecclesiam ipsam, de manu
propriâ, lapidem primum posuit, et ibidem extenso tentorio
nobili, ad honorem beati Martini fecit solemniter celebrari.

Et dum cibaria quærerentur, Fenice (*felice*, Mss.) illà do-
minâ Mariâ juxta fontem, cum multitudine populi consedente,
ecce puer speciosissimus indutus albis vestibus cum quodam
cervo albissimo venit, qui dominæ Mariæ voce dulcissimâ
dixit : « Domina, Jhesus Christus pius et misericors pro cujus
amore tu ritus gentilium, tu patrem et matrem, et terram pro-
priam dimisisti, hunc cervum mittit tibi, volens quod illum
cervum totum in aquâ fontis istius comedas, cum populo terræ
hujus. Nam quolibet anno Jhesus ob tui reverentiam et amorem
unum cervum mittit populo terræ hujus, si in devotione et
laudibus divinis perseverent. Fontem verò ad laudem ipsius et
honorem, Jhesus Christus qui te diligit, sanctificat et benedicit,
ità quod omnis fidelis christianus qui de ipso potaverit cum
devotione in memoriam passionis ipsius Christi et in recorda-
tione effusionis ipsius sanguinis in cruce, ab omnibus febri-
bus quotidianis, tridianis, et quartanis, ac ab aliis languori-
bus curabitur miro modo. Auctoritate verò et voluntate ipsius
Jhesus Christi prohibeo quòd de illo fonte ulla mulier hauriat,
quantùm sit sancta vel dives : tu autem domina Maria, et una

8

de ancillis tuis munda et devota, haurire poteris, quantùm fue-
ris in hâc vitâ. »

Quibus dictis, puer levavit manum super fontem, dicens :
« In nomine Patris, et Filii, et Spiritûs Sancti, sit semper super
aquam istam benedictio. Amen. » Quo facto, bibit puer de
fonte, et flexis genibus, capite inclinato, sic disparuit.

Domina verò Maria et populus laudes Altissimo cum lacrymis
persolverunt et totum cervum, sicut puer dixerat comederunt.
Benè certum est quod iste puer angelus Dei erat.

His actis, transacto tempore modico Fenix domina Maria
ingressa est viam universæ carnis, et sepulta cum honore
maximo cleri et populi in ecclesiâ suâ de Solaco quam ipsa
dotaverat nobiliter, in gradu altaris beatæ Virginis matris
Christi. Corpus serenissimum tradidit sepulturæ Gaufridus
archiepiscopus Burdegalensis ejus filius.

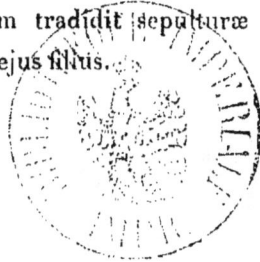

ERRATUM.

J'ai dit, sur la foi de Baurein (page 68), que l'achat de la
sirie de Lesparre par le duc d'Épernon avait eu lieu au mois de
septembre 1600. C'est une inexactitude; l'acte est du 14 octobre 1605.

www.ingramcontent.com/pod-product-compliance
Lightning Source LLC
Chambersburg PA
CBHW071230290326
41931CB00037B/2558